Chat GPT: Wie es funkt
man mit der Nutzung v
Intelligenz Technologie verdienen kann

Erweitern Sie Ihr Unternehmen und sichern Sie sich einen Wettbewerbsvorteil mit dem umfassenden Leitfaden zur Nutzung von Chat GPT, der Künstlichen Intelligenz Technologie. Erstellen Sie maßgeschneiderte Chatbots, bieten Sie individuelle Antworten an und nutzen Sie die Technologie für Werbung, um innovative Einnahmen zu generieren und digitale Präsenz zu schaffen.

Persönliche Entwicklung

Chat GPT (Generative Pre-trained Transformer) ist eine von OpenAI entwickelte künstliche Intelligenz-Technologie, die fortschrittliche Deep-Learning-Algorithmen verwendet, um kohärente und relevante Antworten auf Benutzerfragen zu generieren. Die Technologie von Chat GPT basiert auf dem Prinzip des "selbstgesteuerten Lernens" und ist somit in der Lage, kontinuierlich aus Interaktionen mit Benutzern zu lernen und ihre Fähigkeit zur Generierung immer präziserer und relevanterer Antworten ständig zu verbessern.

Die Funktionsweise von Chat GPT basiert auf einem künstlichen neuronalen Netzwerk, das auf einem riesigen Korpus natürlicher Sprachtexte trainiert wird, die aus verlässlichen Quellen wie Wikipedia, Büchern und Zeitungsartikeln ausgewählt wurden. Dank dieses Trainings kann das neuronale Netzwerk von Chat GPT den Kontext von Benutzerfragen verstehen und kohärente und relevante Antworten generieren.

Neben der Fähigkeit, immer präzisere und relevantere Antworten zu generieren, ist die Technologie von Chat GPT in der Lage, eine breite Palette von Fragen und Anfragen sowohl in natürlicher Sprache als auch in Fachsprache zu erkennen und zu beantworten, was sie äußerst vielseitig und anpassungsfähig für verschiedene Kontexte macht.

Der Einsatz von Chat GPT breitet sich zunehmend in verschiedenen Branchen wie Finanzen, Gesundheitswesen, Bildung und Marketing aus und revolutioniert die Art und Weise, wie Unternehmen mit ihren Kunden und Verbrauchern interagieren.

Zusammenfassend ist Chat GPT eine führende künstliche Intelligenz-Technologie, die immer präzisere und relevantere Antworten auf Benutzerfragen generieren kann. Dank ihrer Fähigkeit zur kontinuierlichen Lernentwicklung und ihrer Vielseitigkeit revolutioniert die Technologie von Chat GPT die Art und Weise, wie Unternehmen mit ihren Kunden und Verbrauchern interagieren. Sie eröffnet neue Geschäftsmöglichkeiten und verbessert die Benutzererfahrung.

Viele Unternehmen nutzen die Technologie von Chat GPT, um die Benutzererfahrung zu verbessern und neue Geschäftsmöglichkeiten zu schaffen. Hier sind einige Beispiele von Unternehmen, die Chat GPT einsetzen:

Microsoft: Microsoft hat die Technologie von Chat GPT in seine virtuelle Supportplattform, den Microsoft Virtual Agent, integriert, der Kunden bei einer Vielzahl von technischen und produktbezogenen Problemen unterstützt.

Airbnb: Airbnb nutzt die Technologie von Chat GPT, um personalisierten Support über das In-App-Nachrichtensystem bereitzustellen. Die Technologie von Chat GPT hilft Gastgebern und Gästen, häufig gestellte Fragen zu beantworten und Probleme schneller zu lösen.

Mastercard: Mastercard hat einen auf Chat GPT basierenden Chatbot entwickelt, der Kunden bei der Verwaltung ihrer Finanzen unterstützt, indem er Informationen zu Konten, Transaktionen und verfügbarem Guthaben bereitstellt.

The New York Times: Die New York Times verwendet die Technologie von Chat GPT, um einen virtuellen Assistenten namens "The News Quiz" zu erstellen. Dieser stellt den Benutzern Fragen zu aktuellen Nachrichten und bietet personalisiertes Feedback basierend auf den gegebenen Antworten.

Hugging Face: Hugging Face ist ein Unternehmen, das maßgeschneiderte Chatbots für Unternehmen entwickelt, die die Technologie von Chat GPT nutzen. Dank ihrer Expertise konnte Hugging Face innovative und hochintelligente Chatbots für

Unternehmen unterschiedlicher Größen und Branchen entwickeln.

Dies sind nur einige Beispiele von Unternehmen, die die Technologie von Chat GPT nutzen, um ihre Serviceangebote zu verbessern und neue Geschäftsmöglichkeiten zu schaffen. Dank ihrer Vielseitigkeit und ihrer Fähigkeit zur kontinuierlichen Weiterentwicklung wird die Technologie von Chat GPT bei Unternehmen auf der ganzen Welt immer beliebter.

Der Einsatz von Chat GPT durch Unternehmen bietet zahlreiche Vorteile, darunter:

Verbesserung der Benutzererfahrung: Die Technologie von Chat GPT ermöglicht es Unternehmen, ihren Benutzern schnelle, genaue und personalisierte Antworten auf ihre Fragen und Anfragen zu liefern. Dies verbessert die

Benutzererfahrung, erhöht die Kundenzufriedenheit und verbessert den Ruf des Unternehmens.

Steigerung der Effizienz: Dank der Fähigkeit von Chat GPT, viele Kundeninteraktionen zu automatisieren, können Unternehmen die Zeit und Ressourcen reduzieren, die für die Bereitstellung von Support und Hilfe für ihre Kunden erforderlich sind. Dies ermöglicht es Unternehmen, ein höheres Anfragevolumen mit weniger Ressourcen zu bewältigen.

Kostensenkung: Die Automatisierung von Kundeninteraktionen ermöglicht es Unternehmen, die Kosten für den Kundensupport zu reduzieren. Dies kann zu erheblichen Kosteneinsparungen für Unternehmen führen.

Mehr Skalierbarkeit: Die Technologie von Chat GPT ermöglicht es Unternehmen, ein höheres Volumen von Kundeninteraktionen zu bewältigen, ohne zusätzliches Personal einstellen zu müssen. Dies ermöglicht Unternehmen, ihr Serviceangebot effizient zu skalieren.

Verbesserung der Datenqualität: Dank der Fähigkeit von Chat GPT, große Mengen von Daten zu sammeln und zu analysieren, können Unternehmen wertvolle Einblicke in ihre Kunden und deren Bedürfnisse erhalten. Dies ermöglicht es Unternehmen, die Qualität ihrer Daten zu verbessern und fundiertere Entscheidungen über ihre Geschäftsstrategie zu treffen.

Die Technologie von Chat GPT nutzt die Datenanalyse, um die Qualität der während der Interaktionen mit Benutzern gesammelten Daten zu verbessern. Insbesondere verwendet die Technologie von Chat GPT Techniken der natürlichen Sprachverarbeitung (NLP) und des maschinellen Lernens, um sinnvolle Informationen aus den gesammelten Daten zu extrahieren und das

Verständnis der Bedürfnisse der Benutzer zu verbessern.

So funktioniert die Datenanalyse durch Chat GPT zur Verbesserung der Datenqualität:

Daten sammeln: Chat GPT sammelt Daten während der Interaktionen mit Benutzern, z. B. den von Benutzern gestellten Fragen und den von der Technologie generierten Antworten. Diese Daten werden dann verarbeitet und analysiert, um nützliche Informationen zu extrahieren.

Daten Vorverarbeitung: Vor der Analyse der Daten führt Chat GPT eine Vorverarbeitung der Daten durch, die eine Reihe von Bereinigungs- und Normalisierungstechniken umfasst. Diese Techniken entfernen etwaige Störungen oder Mehrdeutigkeiten aus den Daten und machen sie kohärenter und konsistenter.

Datenanalyse: Nach der Vorverarbeitung der Daten verwendet Chat GPT Techniken der natürlichen Sprachverarbeitung und des maschinellen Lernens, um sinnvolle Informationen aus den gesammelten Daten zu extrahieren. Zum Beispiel kann die Technologie die Daten analysieren, um die häufigsten Probleme zu identifizieren, mit denen Benutzer konfrontiert sind, und Bereiche zur Verbesserung des eigenen Serviceangebots zu erkennen.

Generierung von Erkenntnissen: Basierend auf den analysierten Daten generiert Chat GPT nützliche Erkenntnisse, um das eigene Serviceangebot zu verbessern. Zum Beispiel kann die Technologie neue Funktionen vorschlagen, die zur eigenen Plattform hinzugefügt werden könnten, oder Verbesserungen in der Kundenbetreuungsstrategie empfehlen.

Modelltraining: Um die Qualität der analysierten Daten kontinuierlich zu verbessern, trainiert Chat GPT sein maschinelles Lernmodell kontinuierlich mit den neuen Daten, die während der Interaktionen mit Benutzern gesammelt werden. Dies ermöglicht der Technologie, kontinuierlich ihre Fähigkeit zur Extraktion sinnvoller Informationen aus den Daten zu verbessern und nützliche Erkenntnisse zur Verbesserung des eigenen Serviceangebots zu generieren.

Angenommen, ein E-Commerce-Unternehmen verwendet die Technologie von Chat GPT, um Kundenunterstützung über seine Website anzubieten. Das Unternehmen hat festgestellt, dass viele Benutzer, die den Chatbot verwenden, sich über Schwierigkeiten bei der Suche nach dem gewünschten Produkt auf der Website beschweren.

Um die Datenqualität zu verbessern und die Bedürfnisse der Benutzer besser zu verstehen, hat das Unternehmen Chat GPT eingesetzt, um die während der Interaktionen der Benutzer mit dem Chatbot gesammelten Daten zu analysieren. Die Technologie hat sinnvolle Informationen aus den

Daten extrahiert, wie z. B. die am häufigsten verwendeten Suchbegriffe der Benutzer und die Produkte, die die Benutzer suchen.

Basierend auf diesen Informationen hat das Unternehmen einige Änderungen auf seiner Website vorgenommen. Zum Beispiel hat es die Website-Navigation verbessert und neue Funktionen hinzugefügt, um den Benutzern zu helfen, die gesuchten Produkte leichter zu finden. Außerdem hat das Unternehmen die Qualität der Produktinformationen auf der Website verbessert, indem es detailliertere Beschreibungen und hochwertige Bilder hinzugefügt hat.

Dank der aus Chat GPT gewonnenen Erkenntnisse konnte das Unternehmen die Bedürfnisse der Benutzer besser verstehen und signifikante Verbesserungen an seinem Serviceangebot vornehmen. Dies hat die Benutzererfahrung auf der Website verbessert und die Kundenzufriedenheit gesteigert.

Zusammenfassend ermöglicht die Nutzung von Chat GPT einem Unternehmen, die Bedürfnisse der Benutzer besser zu verstehen und bedeutende Verbesserungen an seinem Serviceangebot vorzunehmen. Dies führt zu einer besseren Benutzererfahrung auf der Website und steigert die Kundenzufriedenheit.

Uber: Uber hat die Technologie von Chat GPT genutzt, um die während der Interaktionen der Benutzer mit ihrem Ride-Sharing-Dienst gesammelten Daten zu analysieren. Die Technologie hat es Uber ermöglicht, die Bedürfnisse ihrer Benutzer besser zu verstehen und die Genauigkeit der Vorhersagen über die Ankunftszeiten der Fahrer zu verbessern.

Coca-Cola: Coca-Cola hat die Technologie von Chat GPT genutzt, um die während der Interaktionen der Benutzer mit ihrer Website und den Aktivitäten in den sozialen Medien gesammelten Daten zu analysieren. Die Technologie hat Coca-Cola geholfen, die Vorlieben ihrer Verbraucher besser zu verstehen und effektivere und personalisierte Marketingbotschaften zu erstellen.

Mastercard: Mastercard hat die Technologie von Chat GPT genutzt, um die während der Interaktionen der Benutzer mit ihrem Kundensupport gesammelten Daten zu analysieren. Die Technologie hat es Mastercard ermöglicht, die Bedürfnisse ihrer Kunden besser zu verstehen und effektivere personalisierte Unterstützung anzubieten.

Es gibt viele Ressourcen, die Unternehmen dabei unterstützen können, Chat GPT umzusetzen. Hier sind einige Tipps, wo Sie weitere Informationen finden können:

OpenAI-Dokumentation: OpenAI, das Team hinter der Entwicklung der Chat GPT-Technologie, bietet eine umfassende Dokumentation zu den Funktionen der Technologie und wie sie genutzt werden kann. Die Dokumentation ist auf der OpenAI-Website verfügbar und umfasst detaillierte Anleitungen und Tutorials zur Implementierung von Chat GPT.

Entwicklergemeinschaft: Es gibt zahlreiche Online-Entwicklergemeinschaften, die die Implementierung von Chat GPT diskutieren und Ideen und Tipps teilen. Zum Beispiel ist das OpenAI-Subreddit auf Reddit eine großartige Ressource, um Informationen und Ressourcen zur Chat GPT-Technologie zu finden.

Online-Kurse: Es gibt viele Online-Kurse, in denen Sie lernen können, wie man die Chat GPT-Technologie verwendet. Diese Kurse können hilfreich sein, um die Grundlagen der Technologie zu erlernen und Fähigkeiten für die Implementierung von Chat GPT zu erwerben.

Spezialisierte Unternehmen: Es gibt auch Unternehmen, die sich auf die Implementierung von Chat GPT spezialisiert haben und Unternehmen bei der Umsetzung der Technologie unterstützen können. Diese Unternehmen können bei der Gestaltung und Entwicklung maßgeschneiderter Lösungen für die spezifischen Bedürfnisse eines Unternehmens helfen.

Die Implementierung von Chat GPT erfordert eine Reihe von technischen Fähigkeiten, darunter:

Programmierkenntnisse: Um Chat GPT zu implementieren, ist eine umfassende Kenntnis einer Programmiersprache wie Python erforderlich, da die Technologie auf Machine-Learning-Modellen und natürlicher Sprachverarbeitung basiert.

Machine-Learning-Kenntnisse: Chat GPT basiert auf Machine Learning, um Daten zu verarbeiten und die Fähigkeit zur natürlichen Sprachverarbeitung zu verbessern. Daher ist ein grundlegendes Verständnis von Machine-Learning-Konzepten wie Regression, Klassifikation, Clustering und Deep-Learning-Algorithmen erforderlich.

Natürliche-Sprachverarbeitungs-Kenntnisse: Um Chat GPT zu implementieren, benötigen Sie ein tiefes Verständnis der natürlichen Sprache und der Techniken zur natürlichen Sprachverarbeitung, wie semantische und syntaktische Analyse, Textgenerierung und Textklassifikation.

Erfahrung mit natürlicher Sprachverarbeitungssoftware: Sie sollten vertraut sein mit Tools zur natürlichen Sprachverarbeitung wie Natural Language Toolkit (NLTK), Spacy, TensorFlow und PyTorch.

Kenntnisse im Cloud Computing: Chat GPT erfordert die Nutzung von Cloud-Computing-Ressourcen zur Datenverarbeitung und zum Training des Machine-

Learning-Modells. Daher sollten Sie ein grundlegendes Verständnis von Cloud-Computing-Konzepten und -Plattformen wie Amazon Web Services (AWS) oder Microsoft Azure haben.

Zusammenfassend erfordert die Implementierung von Chat GPT eine Reihe von technischen Fähigkeiten, darunter Programmierkenntnisse, Machine-Learning-Kenntnisse, Kenntnisse in natürlicher Sprachverarbeitung, Erfahrung mit Tools zur natürlichen Sprachverarbeitung und Kenntnisse im Cloud Computing. Es gibt jedoch auch vorgefertigte Lösungen auf dem Markt, die Unternehmen dabei unterstützen können, Chat GPT ohne umfangreiche technische Kenntnisse zu implementieren.

Dialogflow: Dialogflow ist eine cloudbasierte Plattform für die Verarbeitung natürlicher Sprache, mit der fortgeschrittene Chatbots und Sprachassistenten erstellt werden können, ohne fortgeschrittene Kenntnisse im Bereich Machine

Learning oder natürlicher Sprachverarbeitung zu erfordern. Dialogflow verwendet den natürlichen Sprachverarbeitungsalgorithmus von Google, um die Anfragen der Benutzer zu analysieren und angemessene Antworten zu liefern.

IBM Watson Assistant: IBM Watson Assistant ist eine cloudbasierte Chatbot-Plattform, die personalisierte Chatbots mithilfe der natürlichen Sprachverarbeitung und des Machine Learning erstellt. IBM Watson Assistant umfasst auch fortgeschrittene Funktionen wie Kontextverständnis und Intent-Analyse, um genauere Antworten zu liefern.

Botpress: Botpress ist eine Open-Source-Chatbot-Plattform, die mithilfe der natürlichen Sprachverarbeitung und des Machine Learning personalisierte Chatbots erstellt. Botpress umfasst auch fortgeschrittene Funktionen wie Intent-Analyse und Textgenerierung, um genauere Antworten zu liefern.

Rasa: Rasa ist eine Open-Source-Chatbot-Plattform, die mithilfe der natürlichen Sprachverarbeitung und des Machine Learning personalisierte Chatbots erstellt. Rasa umfasst auch fortgeschrittene Funktionen wie Intent-Analyse und Textgenerierung, um genauere Antworten zu liefern.

TARS: TARS ist eine cloudbasierte Chatbot-Plattform, die mithilfe einer Drag-and-Drop-Benutzeroberfläche personalisierte Chatbots erstellt. TARS umfasst auch fortgeschrittene Funktionen wie Intent-Analyse und Textgenerierung, um genauere Antworten zu liefern.

Zusammenfassend gibt es verschiedene vorkonfigurierte Lösungen auf dem Markt, um Chat GPT zu implementieren, ohne fortgeschrittene Kenntnisse im Bereich Machine Learning oder natürlicher Sprachverarbeitung zu erfordern. Diese Lösungen umfassen Dialogflow, IBM Watson

Assistant, Botpress, Rasa und TARS und bieten fortgeschrittene Funktionen zur Erstellung personalisierter Chatbots und fortschrittlicher virtueller Assistenten.

Es gibt auch verschiedene vorkonfigurierte Lösungen, um Chat GPT in soziale Medien zu integrieren, sodass Unternehmen personalisierte Chatbots und fortschrittliche virtuelle Assistenten erstellen können, die mit ihren Kunden in sozialen Medien interagieren können. Hier sind einige der beliebtesten Lösungen:

ManyChat: ManyChat ist eine cloudbasierte Chatbot-Plattform, mit der personalisierte Chatbots für Facebook Messenger, Instagram, WhatsApp und andere Messaging-Kanäle erstellt werden können. ManyChat verwendet die natürliche Sprachverarbeitung, um Benutzeranfragen zu analysieren und angemessene Antworten zu liefern.

Chatfuel: Chatfuel ist eine cloudbasierte Chatbot-Plattform, mit der personalisierte Chatbots für Facebook Messenger erstellt werden können. Chatfuel verwendet die natürliche Sprachverarbeitung, um Benutzeranfragen zu analysieren und angemessene Antworten zu liefern.

Tars: Tars ist eine cloudbasierte Chatbot-Plattform, mit der personalisierte Chatbots für Facebook Messenger, WhatsApp und andere Messaging-Kanäle erstellt werden können. Tars verwendet die natürliche Sprachverarbeitung, um Benutzeranfragen zu analysieren und angemessene Antworten zu liefern.

MobileMonkey: MobileMonkey ist eine cloudbasierte Chatbot-Plattform, mit der personalisierte Chatbots für Facebook Messenger, Instagram und SMS erstellt werden können. MobileMonkey verwendet die natürliche Sprachverarbeitung, um Benutzeranfragen zu analysieren und angemessene Antworten zu liefern.

Botsify: Botsify ist eine cloudbasierte Chatbot-Plattform, mit der personalisierte Chatbots für Facebook Messenger, WhatsApp und andere Messaging-Kanäle erstellt werden können. Botsify verwendet die natürliche Sprachverarbeitung, um Benutzeranfragen zu analysieren und angemessene Antworten zu liefern.

Zusammenfassend bieten vorkonfigurierte Chatbot-Lösungen eine breite Palette von fortgeschrittenen Funktionen, darunter:

Natürliche Sprachverarbeitung: Alle führenden vorkonfigurierten Chatbot-Lösungen verwenden die natürliche Sprachverarbeitung (NLP), um Benutzeranfragen zu analysieren und angemessene Antworten zu liefern.

Intent-Analyse: Die Intent-Analyse ermöglicht das Verständnis, warum ein Benutzer eine Nachricht gesendet hat, und das Bereitstellen einer angemessenen Antwort. Diese Funktion ermöglicht es Chatbots, präzisere und relevantere Antworten zu liefern.

Generierung von Text: Die Textgenerierung ermöglicht es Chatbots, automatisch Antworten zu generieren, ohne eine vordefinierte Antwort zu benötigen. Dies hilft, die Konversationen flüssiger und natürlicher zu gestalten.

Integration von Drittanbieter-Plattformen: Vorkonfigurierte Chatbot-Lösungen können in andere Drittanbieter-Plattformen integriert werden, wie z.B. CRM, Marketing-Automatisierungssoftware, Kundensupport-Systeme und mehr.

Konversationsanalyse: Die Konversationsanalyse ermöglicht es, Chatbot-Konversationen zu analysieren, um gemeinsame Probleme der Benutzer zu identifizieren, Chatbot-Antworten zu verbessern und Konversationen zu optimieren.

Mehrsprachige Unterstützung: Vorkonfigurierte Chatbot-Lösungen bieten oft mehrsprachige Unterstützung, damit Chatbots mit Benutzern in verschiedenen Sprachen kommunizieren können.

Personalisierung: Vorkonfigurierte Chatbot-Lösungen bieten oft Personalisierungsfunktionen, wie die Möglichkeit, personalisierte Antworten basierend auf Benutzerinformationen wie Name, Alter und Präferenzen zu erstellen.

Sie können Ihren Chatbot anpassen, um basierend auf den Vorlieben Ihrer Benutzer zu antworten. Es gibt verschiedene vorkonfigurierte Chatbot-Lösungen, die Personalisierungsfunktionen bieten, damit Chatbots Informationen über Benutzer sammeln und diese Informationen verwenden können, um personalisierte und relevante Antworten zu liefern.

Zum Beispiel können Chatbots Informationen über Benutzer wie Name, Alter, Geschlecht, geografischen Standort und persönliche Vorlieben sammeln und diese Informationen verwenden, um personalisierte Antworten zu liefern. Darüber hinaus können Chatbots die Konversationsanalyse verwenden, um gemeinsame Probleme der Benutzer zu identifizieren und die Antworten an die spezifischen Bedürfnisse der Benutzer anzupassen.

Vorkonfigurierte Chatbot-Lösungen bieten oft Personalisierungsfunktionen, die es den Chatbot-Besitzern ermöglichen, personalisierte Antworten basierend auf Benutzerinformationen zu erstellen. Einige Chatbot-Lösungen ermöglichen es den Besitzern beispielsweise, Antworten basierend auf dem geografischen Standort des Benutzers oder seinen Produktpräferenzen zu personalisieren.

Außerdem können Sie Drittanbieter-Integrationen mit vorkonfigurierten Chatbot-Lösungen verwenden, um Benutzerinformationen aus anderen

Quellen wie sozialen Medien, Kundensupport-Systemen oder CRM-Software zu sammeln und diese Informationen zur Personalisierung der Chatbot-Antworten zu verwenden.

Zusammenfassend lässt sich sagen, dass Sie Ihren Chatbot anpassen können, um basierend auf den Vorlieben Ihrer Benutzer zu antworten, indem Sie vorkonfigurierte Chatbot-Lösungen mit Personalisierungsfunktionen verwenden. Diese Funktionen ermöglichen es den Chatbots, Informationen über Benutzer zu sammeln und diese Informationen zu nutzen, um personalisierte und relevante Antworten zu liefern.

Die Personalisierung Ihres Chatbots gemäß den Benutzervorlieben bietet zahlreiche Vorteile, darunter:

Verbesserte Benutzererfahrung: Die Personalisierung Ihres Chatbots ermöglicht eine verbesserte Benutzererfahrung, indem sie relevante und personalisierte Antworten auf Benutzeranfragen liefert.

Effizienzsteigerung: Die Personalisierung Ihres Chatbots automatisiert die Verwaltung von Benutzeranfragen, steigert die Effizienz Ihres Kundenservice und reduziert die Wartezeiten für Benutzer.

Steigerung der Konversionen: Die Personalisierung Ihres Chatbots ermöglicht personalisierte und relevante Antworten auf Benutzeranfragen, erhöht somit die Wahrscheinlichkeit, dass Benutzer zu tatsächlichen Kunden konvertieren.

Fehlerreduzierung: Die Personalisierung Ihres Chatbots führt zu präziseren und relevanteren Antworten, reduziert die Möglichkeit von Fehlern und verbessert die Qualität des bereitgestellten Services.

Kostensenkung: Die Anpassung Ihres Chatbots ermöglicht die Automatisierung der Benutzeranfragen und reduziert die Kosten des Kundenservice, wodurch die Gesamtproduktivität des Unternehmens verbessert wird.

Es gibt jedoch einige Fälle, in denen die Anpassung des Chatbots möglicherweise nicht hilfreich ist. Hier sind einige Beispiele:

Generischer Charakter der Anfragen: Wenn die Benutzeranfragen sehr allgemein sind und keine spezifischen Benutzerinformationen erfordern, ist eine Anpassung des Chatbots möglicherweise nicht notwendig. Zum Beispiel könnte eine Standardantwort des Chatbots ausreichen, wenn ein Benutzer fragt: "Was sind Ihre Öffnungszeiten?"

Benutzersicherheit: Wenn die Art der Informationen, die vom Chatbot angefordert werden, die Sicherheit der Benutzer betrifft, könnte es erforderlich sein, die Anpassung des Chatbots einzuschränken. Wenn der Chatbot beispielsweise persönliche Informationen des Benutzers wie Telefonnummer oder Adresse anfordert, könnte es notwendig sein, die Verwendung dieser Informationen einzuschränken, um Datenschutzprobleme zu vermeiden.

Mangel an Benutzerinformationen: Wenn nicht genügend Informationen über die Benutzer vorhanden sind, um den Chatbot anzupassen, könnte es schwierig sein, relevante und personalisierte Antworten bereitzustellen. In diesem Fall könnte es effektiver sein, Standardantworten zu verwenden oder menschliche Unterstützung anzubieten.

Komplexe technische Anfragen: Wenn die Benutzeranfragen technisches oder spezialisiertes Wissen erfordern, könnte die Anpassung des Chatbots möglicherweise nicht ausreichen, um genaue Antworten zu liefern. In solchen Fällen könnte es erforderlich sein, einen menschlichen Experten zur Unterstützung hinzuzuziehen.

Die Anpassung des Chatbots ist in einer Vielzahl von Fällen nützlich, darunter:

Kundenservice: Die Anpassung des Chatbots ist besonders für den Kundenservice nützlich. Chatbots können angepasst werden, um angemessene und relevante Antworten auf Benutzeranfragen bereitzustellen, Wartezeiten zu reduzieren und die gesamte Benutzererfahrung zu verbessern.

Automatisierung des Verkaufs: Die Anpassung des Chatbots ist für die Automatisierung des Verkaufs nützlich. Chatbots können angepasst werden, um Informationen über Benutzer zu sammeln und personalisierte Produktempfehlungen zu geben, was die Chancen erhöht, Benutzer in tatsächliche Kunden zu konvertieren.

Technischer Support: Die Anpassung des Chatbots ist für den technischen Support nützlich. Chatbots können angepasst werden, um spezifische Antworten auf Benutzeranfragen bezüglich technischer Probleme zu liefern, Wartezeiten zu reduzieren und die gesamte Benutzererfahrung zu verbessern.

Schulung: Die Anpassung des Chatbots ist für die Schulung nützlich. Chatbots können angepasst werden, um Benutzern spezifische und relevante Informationen gemäß ihren Lernbedürfnissen zu bieten, was die Gesamteffektivität der Schulung verbessert.

Marketing: Die Anpassung des Chatbots ist für das Marketing nützlich. Chatbots können angepasst werden, um Informationen über Produkte und Dienstleistungen des Unternehmens bereitzustellen und Benutzer in personalisierte Marketinggespräche einzubeziehen, was die Chancen erhöht, Benutzer in tatsächliche Kunden zu konvertieren.

Zusammenfassend lässt sich sagen, dass die Anpassung des Chatbots in einer Vielzahl von Fällen nützlich ist, darunter der Kundenservice, die Automatisierung des Verkaufs, der technische Support, die Schulung und das Marketing. Die Anpassung des Chatbots ermöglicht es, angemessene und relevante Antworten auf Benutzeranfragen bereitzustellen, die gesamte Benutzererfahrung zu verbessern und die Chancen der Konvertierung von Benutzern in tatsächliche Kunden zu erhöhen.

Sie können Ihren Chatbot an die spezifischen Bedürfnisse Ihres Unternehmens anpassen. Es gibt verschiedene vorkonfigurierte Chatbot-Lösungen, die Personalisierungsfunktionen bieten, sodass Chatbot-Besitzer personalisierte und relevante Antworten gemäß den spezifischen Anforderungen ihres Unternehmens erstellen können.

Die Personalisierung Ihres Chatbots kann die Erstellung individueller Antworten auf Basis Ihres Geschäfts, Ihrer Produkte oder Dienstleistungen, Ihres geografischen Standorts und Ihrer Branding-Anforderungen umfassen. Zum Beispiel können Sie die Antworten Ihres Chatbots so anpassen, dass sie spezifische Informationen zu Ihrem Produkt oder Ihrer Dienstleistung enthalten, wie Funktionen, Preise, Anpassungsoptionen oder Lieferzeiten.

Darüber hinaus können Sie die Antworten Ihres Chatbots so personalisieren, dass sie mit Ihrer Markenidentität konsistent sind. Dies kann die Verwendung von Farben, Logos und Bildern Ihres Unternehmens sowie den Ton der Chatbot-Konversation umfassen.

Die Anpassung Ihres Chatbots, um in mehreren Sprachen zu antworten, kann eine großartige Strategie sein, um ein globales Publikum zu erreichen. Hier sind einige Vorteile der Anpassung

Ihres Chatbots, um in mehreren Sprachen zu antworten:

Zugänglichkeit: Die Anpassung Ihres Chatbots, um in mehreren Sprachen zu antworten, ermöglicht es Ihnen, ein globales Publikum zu erreichen und Benutzern in verschiedenen Sprachen Unterstützung zu bieten. Dies erhöht Ihre Benutzerbasis und ermöglicht es Ihnen, neue Märkte zu erschließen.

Verbesserung der Benutzererfahrung: Das Bereitstellen von personalisierten Antworten in verschiedenen Sprachen verbessert die Gesamterfahrung für die Benutzer. Benutzer werden eher geneigt sein, Ihren Service zu nutzen, wenn sie in ihrer bevorzugten Sprache kommunizieren können.

Steigerung der Effizienz: Die Anpassung Ihres Chatbots, um in mehreren Sprachen zu antworten, ermöglicht es Ihnen, die Bearbeitung von Benutzeranfragen in verschiedenen Sprachen zu automatisieren. Dies steigert die Effizienz Ihres Kundenservice und reduziert die Wartezeiten für Benutzer.

Wettbewerbsfähigkeit: Die Anpassung Ihres Chatbots, um in mehreren Sprachen zu antworten, macht Sie auf dem globalen Markt wettbewerbsfähiger. Dies kann Ihren Ruf und den Markenwert steigern.

Mehr Verkaufsmöglichkeiten: Die Anpassung Ihres Chatbots, um in mehreren Sprachen zu antworten, ermöglicht es Ihnen, personalisierte Produktempfehlungen in der bevorzugten Sprache des Benutzers zu geben. Dies erhöht die Chancen, Benutzer in tatsächliche Kunden umzuwandeln, und steigert den Verkaufsumsatz.

Der häufigste Weg, mit einem Chatbot Geld zu verdienen, der auf einem generativen Sprachmodell wie GPT basiert, besteht darin, den Chatbot für den Kundensupport oder den Verkauf von Produkten und Dienstleistungen zu nutzen. Hier sind einige detaillierte Schritte, wie Sie ein profitables Unternehmen mit einem auf GPT basierenden Chatbot starten können.

Identifizieren Sie Ihre Zielgruppe: Der erste Schritt, um mit einem auf GPT basierenden Chatbot Geld zu verdienen, besteht darin, Ihre Zielgruppe zu identifizieren. Welche Bedürfnisse haben die Benutzer? Welche Probleme haben sie? Welche Interessen haben sie? Sobald Sie diese Faktoren identifiziert haben, können Sie einen Chatbot erstellen, der relevante und personalisierte Antworten liefert.

Wählen Sie eine Chatbot-Plattform: Es gibt verschiedene Chatbot-Plattformen zur Auswahl, von denen einige fortschrittliche Funktionen für die

Anpassung des Chatbots bieten, wie die Erstellung von individuellen Antworten in der bevorzugten Sprache des Benutzers. Sobald die Plattform ausgewählt ist, können Sie mit der Erstellung Ihres Chatbots beginnen.

Passen Sie Ihren Chatbot an: Die Anpassung Ihres Chatbots ist wichtig, um relevante und personalisierte Antworten bereitzustellen. Dies kann die Erstellung individueller Antworten basierend auf Ihrem Geschäft, Ihren Produkten oder Dienstleistungen, Ihrem geografischen Standort und Ihren Branding-Anforderungen umfassen.

Integrieren Sie Ihren Chatbot in Ihre Website oder Ihren Online-Shop: Sobald Sie Ihren Chatbot erstellt haben, können Sie ihn in Ihre Website oder Ihren Online-Shop integrieren. Dies ermöglicht es den Benutzern, direkt von Ihrer Website oder Ihrem Online-Shop auf den Chatbot zuzugreifen und die gesamte Benutzererfahrung zu verbessern.

Verwenden Sie Ihren Chatbot, um Kundensupport zu bieten oder Produkte und Dienstleistungen zu verkaufen: Ihr Chatbot kann verwendet werden, um Kundensupport zu bieten oder Produkte und Dienstleistungen zu verkaufen. Dies kann den Umsatz steigern und die gesamte Benutzererfahrung verbessern.

Überwachen Sie die Leistung Ihres Chatbots und optimieren Sie diese: Überwachen Sie die Leistung Ihres Chatbots, wie die Konversionsrate von Benutzern zu tatsächlichen Kunden, Benutzeranfragen und Benutzerfeedback. Dies ermöglicht es Ihnen, die Leistung Ihres Chatbots zu optimieren und die gesamte Benutzererfahrung zu verbessern.

Es gibt mehrere Möglichkeiten, mit einem auf GPT-3.5 basierenden Chatbot Geld zu verdienen, darunter:

Entwicklung und Verkauf von maßgeschneiderten Chatbots: Eine der Hauptmöglichkeiten, mit einem auf GPT-3.5 basierenden Chatbot Geld zu verdienen, besteht darin, maßgeschneiderte Chatbots für Unternehmen und Einzelpersonen zu entwickeln und zu verkaufen. Sie können Ihre Dienste zur Entwicklung und Anpassung von Chatbots zu einem festen Preis oder stundenweise anbieten.

Bereitstellung von Beratungsdiensten: Wenn Sie über umfassendes Wissen über Chatbots und künstliche Intelligenz verfügen, können Sie Beratungsdienste für Unternehmen anbieten, die einen auf GPT-3.5 basierenden Chatbot zur Verbesserung ihres Geschäfts nutzen möchten. Sie können Beratung dazu anbieten, wie man einen Chatbot erstellt und konfiguriert, wie man ihn mit anderen Technologien integriert und wie man die Leistung des Chatbots optimiert.

Verkauf von vorgefertigten Chatbots: Wenn Sie keine maßgeschneiderten Chatbots entwickeln möchten, können Sie vorgefertigte Chatbots für eine Vielzahl von Branchen erstellen und verkaufen. Sie könnten beispielsweise einen Kundensupport-Chatbot, einen Terminvereinbarungs-Chatbot oder einen Verkaufs-Chatbot für Unternehmen erstellen. Sie können diese Chatbots zu einem Festpreis oder im Abonnement verkaufen.

Angebot von Schulungsdiensten: Wenn Sie Fachkenntnisse in der Verwendung von auf GPT-3.5 basierenden Chatbots haben, können Sie Schulungsdienste für Unternehmen und Einzelpersonen anbieten, die lernen möchten, wie man diese Tools verwendet. Sie könnten Seminare und Workshops durchführen, um die Grundkonzepte der Chatbot-Nutzung zu erklären und praktische Beispiele dafür zu geben, wie man sie verwendet, um die Geschäftseffizienz zu verbessern.

Verkauf des Zugangs zu Konversationsdatenbanken: Wenn Sie einen auf GPT-3.5 basierenden Chatbot entwickelt haben, der mit vielen Benutzern interagiert hat, könnten Sie den Zugang zur Konversationsdatenbank an Dritte verkaufen. Dies könnte für Unternehmen nützlich sein, die Benutzerkonversationen analysieren möchten, um Einblicke in Kundenbedürfnisse und -wünsche zu erhalten.

Angebot von Datenanalyse-Diensten: Wenn Sie Fähigkeiten in der Datenanalyse haben, könnten Sie Datenanalyse-Dienste für Kunden anbieten, die auf GPT-3.5 basierende Chatbots verwenden. Sie könnten Datenanalyse-Tools verwenden, um nützliche Informationen aus den Chatbot-Konversationen zu extrahieren und detaillierte Berichte über Chatbot-Nutzungsmuster und Benutzerverhalten bereitzustellen.

Verkauf von Überwachungs- und Wartungsdiensten: Wenn Sie für einen Kunden einen auf GPT-3.5 basierenden Chatbot entwickelt haben, könnten Sie Überwachungs- und Wartungsdienste anbieten, um sicherzustellen, dass der Chatbot ordnungsgemäß funktioniert und stets auf dem neuesten Stand ist. Sie könnten die Leistung des Chatbots überwachen, technische Probleme beheben und den Chatbot mit neuen Funktionen aktualisieren.

Angebot von Integrationsdiensten: Wenn Sie Erfahrung in der Softwareentwicklung haben, könnten Sie Integrationsdienste für Kunden anbieten, die auf GPT-3.5 basierende Chatbots verwenden. Sie könnten den Chatbot in andere Geschäftsanwendungen integrieren, wie CRM, ERP und Marketing-Automatisierungssoftware, um die Geschäftseffizienz zu optimieren.

Verkauf von Zugang zu Plugins und Anwendungen: Wenn Sie Plugins und Anwendungen für auf GPT-3.5 basierende Chatbots entwickelt haben, könnten Sie den Zugang zu diesen Tools an Kunden verkaufen. Zum Beispiel könnten Sie ein Plugin erstellen, um den Chatbot in Facebook Messenger zu integrieren, oder eine Anwendung für die Erstellung von Umfragen mit dem Chatbot.

Angebot von Marketingdiensten: Wenn Sie Fachkenntnisse im digitalen Marketing haben, könnten Sie Marketingdienste für Kunden anbieten, die auf GPT-3.5 basierende Chatbots verwenden. Sie könnten den Chatbot verwenden, um automatisierte Marketingkampagnen zu erstellen, personalisierte Nachrichten an Benutzer zu senden und die Kundenbindung zu verbessern.

Es sei darauf hingewiesen, dass das Online-Geldverdienen mit Chat GPT Zeit, Engagement und spezifische Fähigkeiten erfordert. In jedem Fall sind hier einige Schritte, um mit Chat GPT Geld zu verdienen:

Erlangen Sie Kompetenzen im Bereich Chatbots und künstliche Intelligenz: Um mit Chat GPT Geld zu verdienen, müssen Sie spezifische Fähigkeiten im

Bereich Chatbots und künstliche Intelligenz erwerben. Sie können kostenlose oder kostenpflichtige Online-Kurse belegen, an Workshops teilnehmen oder Bücher und Artikel zu diesem Thema lesen.

Identifizieren Sie Marktmöglichkeiten: Sobald Sie die erforderlichen Fähigkeiten erworben haben, ist es wichtig, Marktmöglichkeiten zu identifizieren. Zum Beispiel können Sie die Nachfrage nach maßgeschneiderten Chatbots in einem bestimmten Bereich bewerten oder die Bedürfnisse der Benutzer erkennen, um einen Chatbot zu entwickeln, der auf diese Bedürfnisse eingeht.

Wählen Sie die richtige Plattform aus: Es gibt verschiedene Plattformen für die Entwicklung von Chatbots, wie Dialogflow, IBM Watson, Microsoft Bot Framework, Amazon Lex und viele andere. Es ist wichtig, die Plattform entsprechend den

Projektanforderungen und den eigenen technischen Fähigkeiten auszuwählen.

Entwickeln Sie maßgeschneiderte Chatbots: Sobald Sie eine Marktmöglichkeit identifiziert und die richtige Plattform ausgewählt haben, können Sie maßgeschneiderte Chatbots für Unternehmen oder Einzelpersonen entwickeln. Sie können Ihre Dienstleistungen zur Entwicklung und Anpassung von Chatbots zu einem Festpreis oder stundenweise anbieten.

Bieten Sie Schulungs- und Beratungsdienste an: Wenn Sie Experte in der Nutzung von Chatbots sind, können Sie Schulungs- und Beratungsdienste für Unternehmen und Einzelpersonen anbieten, die lernen möchten, wie sie diese Tools nutzen können. Sie können Seminare und Workshops abhalten, um die Grundkonzepte der Chatbot-Nutzung zu erklären und praktische Beispiele dafür zu liefern, wie sie die Effizienz des Unternehmens verbessern können.

Verkauf des Zugangs zu Konversationsdatenbanken: Wenn Sie einen Chatbot entwickelt haben, der mit vielen Benutzern interagiert hat, können Sie den Zugang zu Konversationsdatenbanken an Dritte verkaufen. Dies kann für Unternehmen nützlich sein, die die Konversationen der Benutzer analysieren möchten, um Informationen über deren Bedürfnisse und Wünsche zu erhalten.

Bieten Sie Datenanalyse-Dienste an: Wenn Sie Kenntnisse in der Datenanalyse haben, können Sie Datenanalyse-Dienste für Kunden anbieten, die Chatbots verwenden. Sie können Tools zur Datenanalyse verwenden, um nützliche Informationen aus den Chatbot-Konversationen zu extrahieren und detaillierte Berichte über die Nutzungsmuster des Chatbots und das Verhalten der Benutzer zu erstellen.

Verkauf des Zugangs zu Plugins und Anwendungen: Wenn Sie Plugins und Anwendungen für Chatbots entwickelt haben, können Sie den Zugang zu diesen

Tools an Kunden verkaufen. Zum Beispiel können Sie ein Plugin erstellen, um den Chatbot mit Facebook Messenger zu integrieren, oder eine Anwendung zur Erstellung von Umfragen mit dem Chatbot.

Bieten Sie Marketingdienste an: Wenn Sie Experte im digitalen Marketing sind, können Sie Marketingdienste für Kunden anbieten, die Chatbots verwenden. Sie können den Chatbot verwenden, um automatisierte Marketingkampagnen zu erstellen, personalisierte Nachrichten an Benutzer zu senden und die Kundenbindung zu verbessern.

Die Monetarisierung von Daten, die von Chatbots gesammelt werden, ist eine heikle Angelegenheit und hängt von den Datenschutz- und Datenschutzbestimmungen Ihres Landes ab. Bevor Sie jede Form der Monetarisierung von Daten in Betracht ziehen, ist es wichtig sicherzustellen, dass Sie die Zustimmung der Benutzer zur Erfassung,

Verarbeitung und Nutzung ihrer personenbezogenen Daten erhalten haben.

Dennoch gibt es einige Möglichkeiten zur Monetarisierung der von Chatbots gesammelten Daten:

Verkauf von aggregierten Daten: Wenn Sie eine große Menge an Daten gesammelt haben, können Sie aggregierte Daten an Dritte verkaufen, wie Marktforschungs- oder Werbeunternehmen. Die aggregierten Daten enthalten keine identifizierbaren persönlichen Informationen, sondern eher anonyme und aggregierte statistische Informationen.

Angebot personalisierter Dienste: Unter Verwendung der von Chatbots gesammelten Daten können Sie personalisierte Dienste für Benutzer anbieten, wie Produktempfehlungen oder Dienstleistungen basierend auf ihren Interessen und

Verhaltensweisen. Diese Dienste können gegen Gebühr oder als Teil eines umfassenderen Servicepakets angeboten werden.

Erstellung von Machine-Learning-Modellen: Unter Verwendung der von Chatbots gesammelten Daten können Sie Machine-Learning-Modelle erstellen, um die Effektivität des Chatbots zu verbessern. Diese Machine-Learning-Modelle können an Dritte verkauft werden, die diese Tools nutzen möchten, um die Effektivität ihrer Chatbots oder anderer KI-basierten Produkte zu verbessern.

Angebot gezielter Werbung: Unter Verwendung der von Chatbots gesammelten Daten können Sie gezielte Werbung für Benutzer anbieten. Dies kann diskret erfolgen, indem die Benutzerdaten verwendet werden, um relevante und relevante Anzeigen anstelle von aufdringlicher oder störender Werbung zu liefern.

Entwicklung von datenbasierten Produkten: Unter Verwendung der von Chatbots gesammelten Daten können Sie neue Produkte oder Dienstleistungen entwickeln, die auf den Bedürfnissen und Wünschen der Benutzer basieren. Sie können beispielsweise ein neues Produkt entwickeln, das auf den Informationen basiert, die aus den Chatbot-Konversationen gesammelt wurden, und so einen neuen Markt schaffen oder bestehende Bedürfnisse erfüllen.

Die Datenschutz- und Datenschutzbestimmungen variieren je nach Land und Region, in der Sie tätig sind. Es gibt jedoch einige internationale Gesetze und Vorschriften, die Sie kennen sollten, wenn Sie die von Chatbots gesammelten Daten monetarisieren möchten. Hier sind einige der wichtigsten:

Allgemeine Datenschutzverordnung (DSGVO): Die DSGVO ist eine Verordnung der Europäischen Union zum Schutz personenbezogener Daten. Die

Verordnung verpflichtet Unternehmen dazu, die personenbezogenen Daten der Benutzer zu schützen und deren Zustimmung zur Erfassung und Verwendung der Daten einzuholen. Wenn Sie in Europa tätig sind, ist es wichtig, die DSGVO zu beachten, um Sanktionen und Geldbußen zu vermeiden.

California Consumer Privacy Act (CCPA): Der CCPA ist ein kalifornisches Gesetz in den USA, das Unternehmen dazu verpflichtet, den Schutz personenbezogener Daten der Benutzer zu respektieren. Das Gesetz verlangt von Unternehmen, Benutzern Informationen über die Kategorien von personenbezogenen Daten bereitzustellen, die sie sammeln, die Verwendung der Daten und die Möglichkeit, der Datenerfassung zu widersprechen.

Japanisches Gesetz zum Schutz personenbezogener Daten: Das japanische Gesetz zum Schutz personenbezogener Daten verpflichtet

Unternehmen dazu, die personenbezogenen Daten der Benutzer zu schützen und deren Zustimmung zur Erfassung und Verwendung der Daten einzuholen. Das Gesetz verlangt auch, Benutzern Informationen über die Kategorien von personenbezogenen Daten bereitzustellen, die gesammelt werden, sowie über die Verwendung der Daten.

Australisches Gesetz zum Schutz personenbezogener Daten: Das australische Gesetz zum Schutz personenbezogener Daten verpflichtet Unternehmen dazu, die personenbezogenen Daten der Benutzer zu schützen und deren Zustimmung zur Erfassung und Verwendung der Daten einzuholen. Das Gesetz verlangt auch, Benutzern Informationen über die Kategorien von personenbezogenen Daten bereitzustellen, die gesammelt werden, sowie über die Verwendung der Daten.

Die Einholung der Zustimmung der Benutzer zur Erfassung und Verwendung personenbezogener Daten ist eine wichtige Verantwortung für alle, die mit Chatbots arbeiten, da dies das Vertrauen der Benutzer in die Nutzung Ihrer Dienste beeinflussen kann. Hier sind einige Leitlinien zur Einholung der Zustimmung der Benutzer zur Erfassung und Verwendung personenbezogener Daten:

Bereitstellung klarer und transparenter Informationen: Stellen Sie den Benutzern klare und transparente Informationen über die Kategorien von personenbezogenen Daten zur Verfügung, die Sie sammeln, die Verwendung der Daten, die Speicherung und gegebenenfalls die Weitergabe der Daten an Dritte.

Fordern Sie ausdrückliche Zustimmung an: Fordern Sie die Benutzer auf, ihre ausdrückliche Zustimmung zur Erfassung und Verwendung personenbezogener Daten zu geben. Die Verwendung von Kontrollkästchen oder Akzeptanzschaltflächen kann sicherstellen, dass die Benutzer tatsächlich ihre Zustimmung gegeben haben.

Bieten Sie Auswahlmöglichkeiten: Bieten Sie den Benutzern Auswahlmöglichkeiten zur Erfassung und Verwendung personenbezogener Daten. Sie können den Benutzern beispielsweise die Möglichkeit geben, auszuwählen, welche personenbezogenen Daten sie teilen möchten und zu welchem Zweck.

Überprüfen und aktualisieren Sie die Zustimmung regelmäßig: Überprüfen und aktualisieren Sie regelmäßig die Zustimmung der Benutzer zur Erfassung und Verwendung personenbezogener Daten. Stellen Sie sicher, dass Sie Benutzer über etwaige Änderungen in Ihren Datenschutzrichtlinien informieren und deren aktualisierte Zustimmung einholen.

Beachten Sie die Datenschutzbestimmungen: Beachten Sie die Datenschutzbestimmungen Ihres

Landes oder Ihrer Region in Bezug auf die Erfassung und Verwendung personenbezogener Daten. Stellen Sie sicher, dass Sie die geltenden Gesetze und Vorschriften kennen und einhalten.

Zusammenfassend erfordert das Einholen der Zustimmung der Benutzer zur Erfassung und Verwendung personenbezogener Daten Klarheit, Transparenz und Respekt für die Privatsphäre der Benutzer. Bieten Sie klare und transparente Informationen, fordern Sie ausdrückliche Zustimmung an, bieten Sie Auswahlmöglichkeiten, überprüfen und aktualisieren Sie die Zustimmung regelmäßig und beachten Sie die Datenschutzbestimmungen Ihres Landes oder Ihrer Region.

In Italien ist das Hauptgesetz zum Datenschutz und zum Schutz personenbezogener Daten der "Codice in materia di protezione dei dati personali", auch bekannt als "Codice della Privacy" oder "D.lgs. 196/2003". Ab dem 25. Mai 2018 wurde der "Codice della Privacy" jedoch durch die EU-Datenschutz-Grundverordnung (DSGVO) ersetzt.

Die DSGVO ist eine harmonisierte Verordnung auf europäischer Ebene und gilt für alle Unternehmen, die personenbezogene Daten von EU-Bürgern sammeln, verarbeiten oder nutzen, unabhängig von ihrem geografischen Standort. Die DSGVO hat neue Verpflichtungen für Unternehmen in Bezug auf den Schutz personenbezogener Daten eingeführt und die Rechte der Benutzer in Bezug auf die Erfassung, Verarbeitung und Nutzung ihrer personenbezogenen Daten gestärkt.

Zusätzlich zur DSGVO gibt es in Italien auch die Datenschutzbehörde "Garante per la protezione dei dati personali", eine unabhängige Autorität, die den Schutz personenbezogener Daten der Benutzer gewährleistet und die Datenschutzbestimmungen durchsetzt. Die Datenschutzbehörde ist dafür verantwortlich, Richtlinien zum Datenschutz bereitzustellen, die Einhaltung der Bestimmungen durch Unternehmen zu überwachen und bei Verstößen Strafen zu verhängen.

Die EU-Datenschutz-Grundverordnung (DSGVO) hat eine Reihe von Rechten für Benutzer in Bezug auf die Erfassung, Verarbeitung und Nutzung ihrer personenbezogenen Daten eingeführt. Hier ist ein Überblick über die wichtigsten Benutzerrechte gemäß der DSGVO:

Recht auf Information: Benutzer haben das Recht, klar und transparent über die Erfassungs-, Verarbeitungs- und Nutzungsverfahren ihrer personenbezogenen Daten informiert zu werden.

Recht auf Zugang: Benutzer haben das Recht, auf ihre personenbezogenen Daten zuzugreifen und Informationen darüber anzufordern, wie diese Daten verarbeitet und genutzt werden.

Recht auf Berichtigung: Benutzer haben das Recht, die Berichtigung ihrer personenbezogenen Daten bei Unrichtigkeiten oder Unvollständigkeiten zu verlangen.

Recht auf Löschung (oder "Recht auf Vergessenwerden"): Benutzer haben das Recht, unter bestimmten Umständen die Löschung ihrer personenbezogenen Daten zu verlangen, z. B. wenn die Daten nicht mehr für die ursprünglichen Zwecke benötigt werden.

Recht auf Einschränkung der Verarbeitung: Benutzer haben das Recht, unter bestimmten Umständen die Einschränkung der Verarbeitung ihrer personenbezogenen Daten zu verlangen, z. B. wenn die Richtigkeit der Daten bestritten wird.

Recht auf Datenübertragbarkeit: Benutzer haben das Recht, die Übertragung ihrer personenbezogenen Daten an ein anderes

Unternehmen in einem strukturierten und maschinenlesbaren Format zu verlangen.

Recht auf Widerspruch: Benutzer haben das Recht, der Verarbeitung ihrer personenbezogenen Daten aus legitimen Gründen, wie z. B. für Direktmarketingzwecke, zu widersprechen.

Darüber hinaus verlangt die DSGVO von Unternehmen, Benutzer klar und transparent über ihre Rechte in Bezug auf den Schutz personenbezogener Daten zu informieren und diese Rechte zu respektieren. Unternehmen müssen Verfahren für die Beantragung dieser Rechte bereitstellen und innerhalb einer festgelegten Frist auf Anfragen der Benutzer reagieren.

Zusammenfassend hat die DSGVO eine Reihe von Rechten für Benutzer in Bezug auf die Erfassung, Verarbeitung und Nutzung ihrer personenbezogenen Daten eingeführt. Benutzer haben das Recht, klar und transparent über die erfassten personenbezogenen Daten informiert zu werden, haben das Recht auf Berichtigung und Löschung ihrer Daten, können die Verarbeitung ihrer Daten einschränken und ihre Daten in einem übertragbaren Format erhalten. Unternehmen müssen diese Rechte respektieren und Verfahren für deren Beantragung bereitstellen.

Das Datenschutz-Grundverordnung (DSGVO) der Europäischen Union sieht erhebliche Strafen für Unternehmen vor, die die Datenschutzbestimmungen und den Schutz personenbezogener Daten nicht einhalten. Die Strafen können administrativ oder strafrechtlich sein und hängen von der Schwere des Verstoßes ab. Hier ist eine Übersicht über die Strafen gemäß der DSGVO:

Administrative Strafen: Die administrativen Strafen können bis zu 4% des jährlichen Umsatzes des Unternehmens oder bis zu 20 Millionen Euro betragen, je nachdem, welche dieser Beträge höher ist. Diese Strafen können bei Verstößen gegen die Datenschutzbestimmungen und den Schutz personenbezogener Daten verhängt werden, wie zum Beispiel bei der fehlenden Einholung der Zustimmung der Benutzer zur Erfassung und Nutzung personenbezogener Daten oder bei der nicht erfolgten Meldung einer Verletzung personenbezogener Daten.

Strafrechtliche Strafen: Strafrechtliche Strafen können bei schwerwiegenden Verstößen gegen die Datenschutzbestimmungen und den Schutz personenbezogener Daten verhängt werden. Diese Strafen können bis zu 2 Jahren Haft für die Verantwortlichen des Unternehmens oder die Verantwortlichen für die Datenverarbeitung betragen.

Darüber hinaus sieht die DSGVO vor, dass Benutzer Schadensersatz für erlittene Schäden aufgrund einer Verletzung der Datenschutzbestimmungen und des

Schutzes personenbezogener Daten verlangen können. Unternehmen, die die DSGVO nicht einhalten, können daher Schadensersatzansprüchen von Benutzern ausgesetzt sein.

Um Strafen aufgrund von Verstößen gegen die Europäische Datenschutz-Grundverordnung (DSGVO) zu vermeiden, können Unternehmen eine Reihe von Maßnahmen ergreifen. Hier sind einige der wichtigsten Maßnahmen, die Unternehmen ergreifen können:

Klare und transparente Datenschutzrichtlinie annehmen: Unternehmen sollten eine klare und transparente Datenschutzrichtlinie annehmen, die detailliert beschreibt, wie personenbezogene Daten von Benutzern erfasst, verarbeitet und genutzt werden. Die Datenschutzrichtlinie sollte leicht zugänglich und verständlich sein.

Explizite Zustimmung der Benutzer einholen: Unternehmen sollten die explizite Zustimmung der Benutzer zur Erfassung, Verarbeitung und Nutzung ihrer personenbezogenen Daten einholen. Die Zustimmung sollte klar und transparent erfolgen und dokumentiert werden.

Angemessene Sicherheitsmaßnahmen implementieren: Unternehmen sollten angemessene Sicherheitsmaßnahmen implementieren, um die personenbezogenen Daten der Benutzer zu schützen. Diese Maßnahmen sollten Zugangskontrollen, Verschlüsselung, regelmäßige Backups und kontinuierliches System-Monitoring umfassen.

Benennung eines Datenschutzbeauftragten: Unternehmen sollten einen Datenschutzbeauftragten (DPO) benennen, der für den Schutz personenbezogener Daten der Benutzer und die Einhaltung der Datenschutzbestimmungen verantwortlich ist. Der DPO sollte ein Experte im

Bereich Datenschutz und Schutz personenbezogener Daten sein.

Schulung des Personals: Unternehmen sollten das Personal regelmäßig über Datenschutzbestimmungen und den Schutz personenbezogener Daten schulen. Das Personal sollte sich der Datenschutzbestimmungen und der Verantwortlichkeiten des Unternehmens bezüglich des Schutzes personenbezogener Daten bewusst sein.

Respektierung der Rechte der Benutzer: Unternehmen sollten die Rechte der Benutzer in Bezug auf die Erfassung, Verarbeitung und Nutzung ihrer personenbezogenen Daten respektieren. Benutzer sollten über ihre Rechte informiert werden, und Anfragen von Benutzern sollten zeitnah und professionell bearbeitet werden.

Ich kann Ihnen vorschlagen, dass es viele Möglichkeiten gibt, online Geld zu verdienen, wie z.B.:

Freiberuflich arbeiten: Sie können Ihre Dienstleistungen als Freiberufler in verschiedenen Bereichen wie Schreiben, Programmieren, Design, Marketing oder Übersetzung online anbieten. Plattformen wie Upwork, Freelancer oder Fiverr ermöglichen es Ihnen, als Freelancer Arbeit zu finden.

Einen Blog oder einen YouTube-Kanal erstellen: Sie können einen Blog oder einen YouTube-Kanal zu einem Thema Ihrer Wahl erstellen und diesen durch Werbung, Sponsoring oder den Verkauf von verwandten Produkten/Dienstleistungen monetarisieren.

An Online-Umfragen teilnehmen: Einige Unternehmen bieten die Möglichkeit, an Online-

Umfragen teilzunehmen und Geld oder Punkte zu verdienen, die in Geld umgewandelt werden können.

Online-Produkte verkaufen: Sie können Produkte online auf Plattformen wie Amazon, eBay oder Etsy verkaufen.

In Kryptowährungen investieren: Sie können in Kryptowährungen wie Bitcoin, Ethereum oder Litecoin investieren, aber es ist wichtig zu bedenken, dass Investitionen immer mit einem gewissen Risiko verbunden sind.

Arbeiten als Freiberufler ist eine sehr beliebte Option, um online Geld zu verdienen. Im Prinzip handelt es sich bei Freiberuflern um Fachleute, die unabhängig ihre Dienstleistungen anbieten, ohne an ein Unternehmen oder einen Arbeitgeber gebunden zu sein. Freiberufler können in verschiedenen Bereichen tätig sein, wie Schreiben,

Programmierung, Design, Marketing oder Übersetzung.

Hier sind die wichtigsten Schritte, um ein Freelancer zu werden:

Identifiziere dein Fachgebiet: Der erste Schritt, um ein Freelancer zu werden, besteht darin, dein Fachgebiet zu identifizieren. Überlege, in welchem Bereich du spezifische Fähigkeiten und Kenntnisse hast und wo du dich am wohlsten fühlst. Zum Beispiel kannst du, wenn du gut im Schreiben bist, deine Dienste als Copywriter oder Content Writer anbieten.

Erstelle ein Online-Profil: Sobald du dein Fachgebiet identifiziert hast, solltest du ein detailliertes Online-Profil auf einer Freelancer-Plattform wie Upwork, Freelancer oder Fiverr erstellen. Das Profil sollte eine genaue Beschreibung deiner Fähigkeiten,

Erfahrungen und Ausbildung enthalten sowie Beispiele früherer Arbeiten.

Finde Jobs: Nachdem du dein Profil erstellt hast, kannst du nach Jobs suchen, die zu deinen Fähigkeiten passen. Freelancer-Plattformen bieten eine Vielzahl von Jobs in verschiedenen Bereichen, von kurzfristigen Projekten bis zu langfristiger Beschäftigung.

Lege den Preis und das Honorar fest: Sobald du einen Job gefunden hast, musst du den Preis und das Honorar für deine Arbeit festlegen. Du kannst entweder einen Festpreis für die Arbeit oder einen stündlichen Satz verlangen. Der Preis sollte fair und wettbewerbsfähig im Vergleich zu anderen Freelancern in deinem Bereich sein.

Arbeite hart: Sobald du den Auftrag erhalten hast, arbeite hart daran, ihn innerhalb der festgelegten Zeit und mit bestmöglicher Qualität abzuschließen.

Dein Ruf als Freelancer hängt von der Qualität der von dir erbrachten Arbeit ab.

Zusammenfassend ist das Arbeiten als Freiberufler eine beliebte Option, um online Geld zu verdienen. Du kannst ein Freelancer werden, indem du dein Fachgebiet identifizierst, ein Online-Profil erstellst, Jobs findest, den Preis und das Honorar festlegst und hart daran arbeitest, die Arbeit professionell und qualitativ hochwertig zu erledigen.

Hier sind einige der beliebtesten Freelancer-Plattformen:

Upwork: Upwork ist eine der größten Freelancer-Plattformen weltweit mit über 12 Millionen registrierten Freelancern und 5 Millionen aktiven Kunden. Upwork bietet Jobs in verschiedenen Bereichen wie Schreiben, Programmierung, Design, Marketing und Übersetzung.

Freelancer: Freelancer ist eine weitere sehr beliebte Freelancer-Plattform mit über 50 Millionen registrierten Nutzern weltweit. Freelancer bietet Jobs in verschiedenen Bereichen wie Schreiben, Programmierung, Design, Marketing und Übersetzung.

Fiverr: Fiverr ist eine Freelancer-Plattform, die sich auf kurzfristige Projekte spezialisiert hat, mit einem Grundpreis von 5 Dollar pro Aufgabe. Fiverr bietet Jobs in verschiedenen Bereichen wie Schreiben, Programmierung, Design und Marketing.

Guru: Guru ist eine Freelancer-Plattform, die Jobs in verschiedenen Bereichen anbietet, darunter Schreiben, Programmierung, Design, Marketing und Übersetzung. Guru hat über 3 Millionen registrierte Mitglieder weltweit.

PeoplePerHour: PeoplePerHour ist eine in Großbritannien ansässige Freelancer-Plattform, die

Jobs in verschiedenen Bereichen wie Schreiben, Programmierung, Design und Marketing anbietet. PeoplePerHour wurde 2007 gegründet und hat weltweit über 2,5 Millionen registrierte Mitglieder.

Toptal: Toptal ist eine Freelancer-Plattform, die sich auf Programmierung, Design und Entwicklung spezialisiert hat. Toptal wählt nur die besten Fachleute der Branche aus und bietet Kunden somit nur die besten Talente der Branche.

Hier ist eine kurze Anleitung zur Registrierung auf einigen der wichtigsten Freelancer-Plattformen:

Upwork:

Um sich bei Upwork zu registrieren, besuchen Sie die Upwork-Website und klicken Sie auf die Schaltfläche "Registrieren". Geben Sie anschließend Ihren Namen, Ihre E-Mail-Adresse und ein Passwort ein. Danach müssen Sie Ihr Profil ausfüllen und Details über Ihre Berufserfahrung und Fähigkeiten angeben. Nachdem Sie Ihr Profil vervollständigt haben, können Sie nach Jobs suchen und Angebote an Kunden senden.

Freelancer:

Um sich bei Freelancer zu registrieren, besuchen Sie die Freelancer-Website und klicken Sie auf die Schaltfläche "Registrieren". Geben Sie Ihren Namen, Ihre E-Mail-Adresse und ein Passwort ein. Anschließend müssen Sie Ihr Profil vervollständigen und Details über Ihre Berufserfahrung und Fähigkeiten angeben. Nachdem Sie Ihr Profil vervollständigt haben, können Sie nach Jobs suchen und Angebote an Kunden senden.

Fiverr:

Um sich bei Fiverr zu registrieren, besuchen Sie die Fiverr-Website und klicken Sie auf die Schaltfläche "Registrieren". Geben Sie Ihren Namen, Ihre E-Mail-

Adresse und ein Passwort ein. Danach müssen Sie Ihr Profil vervollständigen und Details über Ihre Berufserfahrung und Fähigkeiten angeben.
Nachdem Sie Ihr Profil vervollständigt haben, können Sie Ihre "Gigs" (angebotene Dienstleistungen) erstellen und nach Kunden suchen.

Guru:

Um sich bei Guru zu registrieren, besuchen Sie die Guru-Website und klicken Sie auf die Schaltfläche "Registrieren". Geben Sie Ihren Namen, Ihre E-Mail-Adresse und ein Passwort ein. Anschließend müssen Sie Ihr Profil vervollständigen und Details über Ihre Berufserfahrung und Fähigkeiten angeben.
Nachdem Sie Ihr Profil vervollständigt haben, können Sie nach Jobs suchen und Angebote an Kunden senden.

PeoplePerHour:

Um sich bei PeoplePerHour zu registrieren, besuchen Sie die PeoplePerHour-Website und klicken Sie auf die Schaltfläche "Registrieren". Geben Sie Ihren Namen, Ihre E-Mail-Adresse und ein Passwort ein. Anschließend müssen Sie Ihr Profil vervollständigen und Details über Ihre Berufserfahrung und Fähigkeiten angeben. Nachdem Sie Ihr Profil vervollständigt haben, können Sie nach Jobs suchen und Angebote an Kunden senden.

Toptal:

Um sich bei Toptal zu registrieren, besuchen Sie die Toptal-Website und klicken Sie auf die Schaltfläche "Registrieren als Freelancer". Geben Sie Ihren Namen, Ihre E-Mail-Adresse und ein Passwort ein. Anschließend müssen Sie Ihr Profil vervollständigen und Details über Ihre Berufserfahrung und Fähigkeiten angeben. Nachdem Sie Ihr Profil vervollständigt haben, wird Toptal Ihre Bewerbung prüfen und Sie bei Auswahl mit Kunden in Kontakt bringen.

Es gibt viele weitere Freelancer-Plattformen, die Sie in Betracht ziehen könnten. Hier sind einige weitere Optionen:

99designs: 99designs ist eine Plattform, die sich auf Grafikdesign spezialisiert hat und Jobs wie Logo-Design, Webdesign, Verpackungsdesign und vieles mehr anbietet.

SimplyHired: SimplyHired ist eine globale Job-Suchplattform, die Freelancern ermöglicht, Jobs in verschiedenen Bereichen wie Schreiben, Programmierung, Design und Marketing zu finden.

Topcoder: Topcoder ist eine Plattform, die sich auf Softwareentwicklung und Design spezialisiert hat und Jobs wie App-Entwicklung, Webdesign und mehr anbietet.

Bark: Bark ist eine Freelancer-Plattform, die Jobs in verschiedenen Bereichen wie Schreiben, Programmierung, Design und Marketing anbietet.

TaskRabbit: TaskRabbit ist eine Plattform, die sich auf Hausmeisteraufgaben spezialisiert hat, wie Reinigung, Gartenarbeit und Reparaturen.

Hirable: Hirable ist eine Plattform, die Jobs in verschiedenen Bereichen wie Schreiben, Programmierung, Design und Marketing anbietet, aber auch in den Bereichen Recht, Medizin und Finanzen.

Workana: Workana ist eine Plattform, die Jobs in verschiedenen Bereichen wie Schreiben, Programmierung, Design und Marketing anbietet und in Lateinamerika stark vertreten ist.

Hier sind einige Plattformen für Freiberufler, die spezialisierte Arbeitsbereiche anbieten:

TranslatorsCafe: TranslatorsCafe ist eine Plattform, die sich auf Übersetzungen spezialisiert hat und Übersetzungsaufträge in verschiedenen Bereichen anbietet, darunter Recht, Medizin, Technik und Geschäftswesen.

ProZ: ProZ ist eine weitere Plattform, die sich auf Übersetzungen spezialisiert hat und Übersetzungsaufträge in verschiedenen Bereichen anbietet, darunter Recht, Medizin, Technik und Geschäftswesen.

Shutterstock: Shutterstock ist eine Plattform, die sich auf Fotografie und Videos spezialisiert hat und Fotografen und Videomachern ermöglicht, ihre Bilder und Videos weltweit zu verkaufen.

Getty Images: Getty Images ist eine weitere Plattform, die sich auf Fotografie und Videos spezialisiert hat und Fotografen und Videomachern ermöglicht, ihre Bilder und Videos weltweit zu verkaufen.

Voices.com: Voices.com ist eine Plattform, die sich auf Sprachaufnahmen und Synchronisation spezialisiert hat und Synchronsprechern und Sprachkünstlern ermöglicht, Aufträge in verschiedenen Bereichen zu finden, darunter Werbung, Film, Animation und Spiele.

ArtStation: ArtStation ist eine Plattform, die sich auf digitale Kunst spezialisiert hat und digitalen Künstlern ermöglicht, ihre Kunstwerke zu verkaufen und Aufträge als Konzeptkünstler, Charakterdesigner und Illustratoren zu finden.

Musicbed: Musicbed ist eine Plattform, die sich auf Musik für Videoproduktionen spezialisiert hat und

Musikern ermöglicht, ihre Musik zu verkaufen und Aufträge als Komponisten und Musikproduzenten zu finden.

Denken Sie daran, dass jede Plattform ihre eigenen Richtlinien, Anforderungen und Registrierungsverfahren hat. Es ist daher wichtig, die Anweisungen sorgfältig zu lesen und genaue und ehrliche Informationen anzugeben, um Ihre Chancen zu maximieren, Arbeit zu finden.

Auf vielen Freelancer-Plattformen können Sie auch Arbeit finden, wenn Sie keine professionelle Erfahrung haben. Die meisten Kunden bevorzugen jedoch Freiberufler, die zumindest einige Grundkenntnisse im Bereich haben, in dem sie nach Mitarbeitern suchen.

Wenn Sie keine professionelle Erfahrung haben, können Sie in Betracht ziehen, Jobs zu suchen, die grundlegende Fähigkeiten erfordern, oder mit gering bezahlten Jobs zu beginnen, um Erfahrungen zu sammeln und Ihr Portfolio aufzubauen. Auf einigen Freelancer-Plattformen wie Fiverr gibt es auch günstige Jobs, wie einfache Schreib- oder Grafikdesignprojekte, die für Anfänger eine gute Ausgangsbasis sein können.

Darüber hinaus könnten Sie in Erwägung ziehen, an kostenlosen oder kostengünstigen Online-Kursen teilzunehmen, um neue Fähigkeiten zu erlernen und Ihr Wissen zu verbessern. Es gibt viele Online-Ressourcen zur Kompetenzverbesserung, darunter Videotutorials, Online-Kurse und kostenlose Tutorials.

Generell ist es wichtig, transparent über Ihre Erfahrungen und Fähigkeiten zu sein, wenn Sie als Freiberufler Arbeit suchen, und ein genaues und ehrliches Portfolio bereitzustellen, um Ihre Fähigkeiten zu demonstrieren. Mit der Zeit und Erfahrung können Sie Ihren Ruf und Ihre

Sichtbarkeit auf den Freelancer-Plattformen steigern und zu besser bezahlten Jobs gelangen.

Die Erstellung eines Blogs oder eines YouTube-Kanals kann eine Option sein, um online Geld zu verdienen. Hier sind einige Schritte, die Sie befolgen können, um einen Blog oder einen YouTube-Kanal zu erstellen:

Wählen Sie das Thema für Ihren Blog oder Ihren YouTube-Kanal. Es ist wichtig, ein Thema auszuwählen, das Sie interessiert und ein Publikum anspricht.

Erstellen Sie Ihren Blog oder Ihren YouTube-Kanal. Sie können Plattformen wie WordPress für einen Blog oder YouTube für einen Kanal verwenden.

Erstellen Sie hochwertige Inhalte. Egal, ob Sie Blog-Beiträge schreiben oder YouTube-Videos erstellen, es ist wichtig, qualitativ hochwertige Inhalte zu erstellen, die informativ, nützlich und interessant für das Publikum sind.

Werbung für Ihren Blog oder Ihren YouTube-Kanal. Sie können Ihren Blog oder Ihren YouTube-Kanal über soziale Medien, Online-Foren und andere Marketingkanäle bewerben.

Monetarisieren Sie Ihren Blog oder Ihren YouTube-Kanal. Sie können Ihren Blog oder Ihren YouTube-Kanal durch Werbung, Sponsoring oder den Verkauf von verwandten Produkten/Dienstleistungen monetarisieren.

Fahren Sie fort, hochwertige Inhalte zu erstellen und mit Ihrem Publikum zu interagieren, um die Sichtbarkeit und Beliebtheit Ihres Blogs oder YouTube-Kanals zu steigern.

Denken Sie daran, dass die Erstellung eines Blogs oder eines YouTube-Kanals Zeit und Engagement erfordert, aber eine lohnende Einnahmequelle sein kann, sobald Sie eine treue Anhängerschaft aufgebaut haben.

Es gibt viele Möglichkeiten, um deinen Blog oder deinen YouTube-Kanal zu bewerben und die Sichtbarkeit und das Engagement deiner Zielgruppe zu steigern. Hier sind einige Tipps:

Nutze soziale Medien: Bewerbe deine Inhalte auf Plattformen wie Facebook, Twitter, Instagram, LinkedIn und anderen. Du kannst deine Beiträge oder Videos in den sozialen Medien teilen und relevante Hashtags verwenden, um eine größere Zielgruppe zu erreichen.

Erstelle einen Newsletter: Richte einen Newsletter für deine Leser oder Zuschauer ein, um sie über neue Inhalte und Neuigkeiten auf dem Laufenden zu halten.

Arbeite mit anderen Bloggern oder YouTubern zusammen: Suche nach anderen Bloggern oder YouTubern, die ähnliche Themen behandeln wie du, und arbeite mit ihnen zusammen, um gemeinsame Inhalte zu erstellen oder euch gegenseitig zu bewerben.

Nutze SEO: Stelle sicher, dass dein Blog oder dein YouTube-Kanal für Suchmaschinen optimiert ist, indem du relevante Keywords, Meta-Beschreibungen und ansprechende Titel verwendest.

Nimm an Online-Communities teil: Beteilige dich an Online-Foren, Facebook-Gruppen oder Subreddits, die zu deinem Thema passen, und bewerbe deine Inhalte.

Biete kostenlose Inhalte an: Stelle kostenlose Inhalte wie Anleitungen, E-Books oder nützliche Ressourcen für deine Zielgruppe zur Verfügung und bewerbe sie über soziale Medien oder andere Marketingkanäle.

Nimm an Events und Konferenzen teil: Besuche Events und Konferenzen, die zu deinem Thema passen, und bewerbe deinen Blog oder deinen YouTube-Kanal durch Networking und direkte Promotion.

Denke daran, dass die Bewerbung deines Blogs oder deines YouTube-Kanals Zeit und kontinuierliches Engagement erfordert, aber sie kann dir helfen, eine größere Zielgruppe zu erreichen und deinen Ruf als Blogger oder YouTuber aufzubauen.

Hier sind einige Tipps zur Optimierung deines Blogs oder YouTube-Kanals für Suchmaschinen:

Verwende relevante Keywords: Nutze passende Keywords im Titel deines Blogs oder Videos, in der Beschreibung und den Tags. Nutze Tools wie den Google Keyword Planner oder Ubersuggest, um relevante Keywords für dein Thema zu finden.

Erstelle hochwertige Inhalte: Erstelle informative, nützliche und interessante Inhalte für deine Zielgruppe. Suchmaschinen belohnen qualitativ hochwertige Inhalte mit einer besseren Platzierung in den Suchergebnissen.

Verwende angemessene Meta-Beschreibungen und Tags: Nutze passende Meta-Beschreibungen und Tags für deine Beiträge oder Videos. Meta-Beschreibungen und Tags liefern Suchmaschinen hilfreiche Informationen über den Inhalt deines Blogs oder YouTube-Kanals.

Erstelle eine klare und einfache URL: Gestalte eine klare und einfache URL für deinen Blog oder deinen YouTube-Kanal. Eine klare URL hilft Suchmaschinen, deinen Blog oder YouTube-Kanal effektiver zu identifizieren.

Verwende hochwertige Bilder und Videos: Nutze hochwertige Bilder und Videos für deine Beiträge oder Videos. Hochwertige visuelle Inhalte verbessern die Benutzererfahrung und können dazu beitragen, die Platzierung in den Suchergebnissen zu verbessern.

Fördere deinen Blog oder deinen YouTube-Kanal auf anderen Websites: Bewerbe deinen Blog oder deinen YouTube-Kanal auf anderen relevanten Websites für dein Thema. Dies kann dazu beitragen, die Autorität deiner Website oder deines YouTube-Kanals in den Augen von Suchmaschinen zu erhöhen.

Optimiere die Ladezeit deiner Website oder deines YouTube-Kanals: Optimiere die Ladezeit deiner Website oder deines YouTube-Kanals. Websites oder YouTube-Kanäle mit langsamer Ladezeit können von Suchmaschinen abgestraft werden.

Verwende ein responsives Design: Verwende ein responsives Design für deine Website oder deinen YouTube-Kanal. Ein responsives Design ermöglicht es deiner Website oder deinem YouTube-Kanal, sich an verschiedene Bildschirmgrößen anzupassen, was die Benutzererfahrung und die Platzierung in den Suchergebnissen verbessert.

Verwende interne und externe Links: Verwende interne und externe Links in deinen Beiträgen oder Videos. Interne Links verbessern die Navigation der Website oder des YouTube-Kanals, während externe Links die Autorität der Website oder des YouTube-Kanals in den Augen von Suchmaschinen erhöhen können.

Erstelle eine Sitemap: Erstelle eine Sitemap für deine Website oder deinen YouTube-Kanal und sende sie an Suchmaschinen. Eine Sitemap liefert eine Liste aller Seiten deiner Website oder deines YouTube-Kanals und hilft Suchmaschinen dabei, die Inhalte deiner Website oder deines YouTube-Kanals effektiver zu identifizieren.

Nutze soziale Medien: Nutze soziale Medien, um deinen Blog oder deinen YouTube-Kanal zu bewerben. Soziale Medien können den Verkehr auf deine Website oder deinen YouTube-Kanal lenken und die Platzierung in den Suchergebnissen verbessern.

Erstelle Evergreen-Inhalte: Erstelle Evergreen-Inhalte, also Inhalte, die im Laufe der Zeit relevant bleiben. Evergreen-Inhalte können im Laufe der Zeit konstanten Verkehr auf deine Website oder deinen YouTube-Kanal ziehen.

Verwende strukturierte Daten: Verwende strukturierte Daten, um Suchmaschinen detaillierte Informationen über deine Inhalte bereitzustellen. Strukturierte Daten können die Platzierung in den Suchergebnissen verbessern und zu qualifizierteren Klicks führen.

Achte auf Suchmaschinenstrafen: Achte auf Suchmaschinenstrafen wie Duplicate Content, unnatürliche Verlinkung, Erstellung minderwertiger Inhalte oder Spam-Techniken. Solche Strafen können die Platzierung deiner Website oder deines YouTube-Kanals in den Suchergebnissen beeinträchtigen.

Nachdem du dein Profil auf einer Freelancer-Plattform erstellt hast, kannst du auf den Abschnitt "Jobs suchen" oder "Aufträge finden" zugreifen. In diesem Abschnitt hast du die Möglichkeit, nach Jobs zu suchen, die zu deinen Fähigkeiten passen.

Freelancer-Plattformen bieten eine Vielzahl von Jobs in verschiedenen Bereichen an, darunter:

Schreiben und Übersetzen: Dieser Bereich umfasst Jobs wie das Schreiben von Artikeln, die Erstellung von Webinhalten, Übersetzungen von Texten, Korrekturlesen, das Schreiben von Lebensläufen, das Verfassen von Reden und vieles mehr.

Design und Entwicklung: Dieser Bereich umfasst Jobs wie die Erstellung von Websites, die Programmierung von Websites, Grafikdesign, die Erstellung von Logos, die Bearbeitung von Bildern und vieles mehr.

Marketing und Werbung: Dieser Bereich umfasst Jobs wie die Verwaltung von Werbekampagnen, die Erstellung von Inhalten für soziale Medien, das Management von sozialen Medien, das Schreiben von Marketing-E-Mails, die Erstellung von Anzeigen und vieles mehr.

Verwaltung und Support: Dieser Bereich umfasst Jobs wie die Verwaltung von E-Mails, die Verwaltung von Kalendern, die Verwaltung von Dateien, die Verwaltung von Datenbanken, den technischen Support und vieles mehr.

Professionelle Dienstleistungen: Dieser Bereich umfasst Jobs wie Beratung, Buchhaltung, Personalmanagement, Projektmanagement und vieles mehr.

Sobald du Jobs gefunden hast, die zu deinen Fähigkeiten passen, kannst du dich für den Job bewerben, indem du einen detaillierten Vorschlag erstellst, in dem du erklärst, wie du den Job bewältigen wirst und welche Gebühren du verlangst. Denke daran, dass die Konkurrenz für einige Jobs hoch sein kann, daher ist es wichtig, einen qualitativ hochwertigen Vorschlag vorzulegen, der deine Erfahrung und Fähigkeiten zeigt.

Hier sind einige zusätzliche Details zur Jobsuche auf Freelancer-Plattformen:

Filtere die Suchergebnisse: Die meisten Freelancer-Plattformen ermöglichen es dir, die Suchergebnisse nach Kategorie, Jobtyp, Budget und anderen Kriterien zu filtern. Verwende diese Filter, um die relevantesten Jobs für deine Fähigkeiten zu finden.

Lies die Stellenbeschreibung sorgfältig: Bevor du dich für eine Stelle bewirbst, lies die Stellenbeschreibung sorgfältig durch und stelle sicher, dass du die Anforderungen des Kunden vollständig verstehst. Dadurch kannst du einen qualitativ hochwertigen Vorschlag erstellen, der die Anforderungen des Kunden erfüllt.

Überprüfe Kundenbewertungen: Viele Freelancer-Plattformen ermöglichen es Kunden, Bewertungen über die Arbeitnehmer zu hinterlassen. Überprüfe Kundenbewertungen, um einen Eindruck von ihrer Erfahrung mit dem Fachmann zu erhalten. Dies hilft dir einzuschätzen, ob der Kunde vertrauenswürdig ist und ob es sich lohnt, sich für die Arbeit zu bewerben.

Präsentiere einen qualitativ hochwertigen Vorschlag: Wenn du dich für eine Stelle bewirbst, präsentiere einen qualitativ hochwertigen Vorschlag, der deine Erfahrung und Fähigkeiten zeigt. Stelle sicher, dass du detaillierte Informationen über deinen Ansatz zur Arbeit, deine Tarife und deine Erfahrung im Fachgebiet bereitstellst.

Halte die Kommunikation mit dem Kunden aufrecht: Sobald du den Job erhalten hast, ist es wichtig, regelmäßig mit dem Kunden in Kontakt zu bleiben, um sicherzustellen, dass du seine Bedürfnisse erfüllst. Beantworte seine Fragen zeitnah und sende regelmäßige Updates zum Stand der Arbeit.

Bewahre eine gute Reputation: Um als Freelancer erfolgreich zu sein, ist es wichtig, eine gute Reputation zu haben. Führe Aufträge pünktlich und in hoher Qualität aus, halte dich an Fristen und kommuniziere klar mit den Kunden. Dies hilft dir, positive Bewertungen zu erhalten und zukünftige Aufträge zu gewinnen.

Hier sind einige Tipps, um ein starkes Portfolio als Freelancer aufzubauen:

Wähle deine besten Arbeiten aus: Wähle deine besten Arbeiten für dein Portfolio aus. Wähle Projekte aus, die deine Fähigkeiten und Kompetenzen klar und überzeugend demonstrieren.

Zeige deine Vielfalt: Stelle sicher, dass du eine Vielzahl von Arbeiten in dein Portfolio aufnimmst, um deine Vielseitigkeit zu zeigen. Füge auch Projekte hinzu, die deine Fähigkeit zeigen, sich verschiedenen Stilen und Kundenanforderungen anzupassen.

Beschreibe deine Projekte: Beschreibe deine Projekte in deinem Portfolio detailliert. Erläutere deine Rolle im Projekt, die Herausforderungen, denen du begegnet bist, und wie du eventuelle Probleme gelöst hast. Dies zeigt deine Kompetenz und Fähigkeit, Projekte zu managen.

Verwende visuelle Medien: Nutze visuelle Medien wie Bilder, Videos und Grafiken, um deine Projekte so überzeugend wie möglich darzustellen. Füge Screenshots deiner Arbeit hinzu, Videos von Präsentationen oder Demos und andere visuelle Elemente, die deine Arbeit hervorheben können.

Zeige Ergebnisse: Zeige die Ergebnisse, die du mit deinen Projekten erzielt hast. Zum Beispiel könntest du, wenn du eine erfolgreiche Werbekampagne erstellt hast, die erzielten Ergebnisse wie Umsatzsteigerungen oder erhöhten Website-Traffic anzeigen.

Aktualisiere dein Portfolio regelmäßig: Stelle sicher, dass du dein Portfolio regelmäßig mit neuen Arbeiten aktualisierst. Auf diese Weise können potenzielle Kunden sehen, dass du aktiv bist und kontinuierlich an neuen Projekten arbeitest.

Bitte Kunden um Feedback: Bitte deine Kunden um Feedback zu deinen Projekten und nutze dieses Feedback, um deine Arbeit kontinuierlich zu verbessern. Füge auch positives Feedback aus vergangenen Projekten hinzu, um deine Fähigkeit zur Erfüllung der Kundenanforderungen zu zeigen.

Ein starkes und gut gepflegtes Portfolio kann dazu beitragen, deine Erfahrung und Fähigkeiten als Freelancer zu zeigen und dir zukünftige Aufträge zu sichern.

Zeige deine Persönlichkeit: Dein Portfolio sollte nicht nur eine Sammlung von Arbeiten sein, sondern sollte auch deine Persönlichkeit und deinen Stil zeigen. Du könntest zum Beispiel eine kurze Beschreibung von dir selbst und deiner Erfahrung hinzufügen oder eine persönliche Note zu den Projektbeschreibungen geben.

Organisiere dein Portfolio: Organisiere dein Portfolio logisch und leicht verständlich. Du könntest deine Projekte beispielsweise nach Kategorie, Datum, Kunden oder Art der Arbeit organisieren.

Erstelle eine Online-Version: Erstelle eine Online-Version deines Portfolios, die einfach mit potenziellen Kunden geteilt werden kann. Plattformen wie Behance, Dribbble oder LinkedIn können dazu genutzt werden, ein Online-Portfolio zu erstellen.

Achte auf Qualität: Achte auf die Qualität deines Portfolios. Stelle sicher, dass die Bilder von hoher Qualität sind, die Videos gut geschnitten sind und die Beschreibungen klar und korrekt geschrieben sind.

Halte es aktuell: Halte dein Portfolio mit deinen neuesten Arbeiten, Fähigkeiten und Erfahrungen auf dem neuesten Stand. Dadurch wird dein Portfolio immer aktuell sein und deine Entwicklung als Profi zeigen.

Passe dein Portfolio an die Arbeit an: Wenn du nach Arbeit in einem bestimmten Bereich oder für einen bestimmten Kunden suchst, passe dein Portfolio an, um ihren Anforderungen gerecht zu werden. Zum

Beispiel könntest du, wenn du nach Arbeit als Grafikdesigner für ein Modeunternehmen suchst, Projekte aufnehmen, die deine Erfahrung im Modedesign zeigen.

Frage andere nach ihrer Meinung: Frage Freunde, Kollegen oder Branchenprofis nach ihrer Meinung zu deinem Portfolio. Bitte um ehrliches Feedback und nutze dieses Feedback, um dein Portfolio zu verbessern.

Sei selektiv: Wähle die Projekte, die du in dein Portfolio aufnimmst, sorgfältig aus. Wähle diejenigen aus, die deine Fähigkeiten am besten repräsentieren und deine Fähigkeit zeigen, Probleme zu lösen und Kundenbedürfnisse zu erfüllen.

Füge eine "Über mich"-Sektion hinzu: Erstelle eine "Über mich"-Sektion in deinem Portfolio, um dich potenziellen Kunden vorzustellen. Füge eine kurze

Biografie, deine Fähigkeiten und deine Berufserfahrung hinzu. Dies hilft den Kunden, dich und deine Fähigkeiten besser kennenzulernen.

Erstelle eine "Referenzen"-Sektion: Füge eine "Referenzen"-Sektion in dein Portfolio ein, in der deine Kunden Feedback und Bewertungen zu deiner Arbeit hinterlassen können. Dies kann dazu beitragen, deine Erfahrung und deine Fähigkeit zur Erfüllung der Kundenbedürfnisse zu zeigen.

Zeige deine Kreativität: Zeige deine Kreativität und Fähigkeit, über den Tellerrand hinauszudenken, in deinem Portfolio. Füge Projekte hinzu, die deine Fähigkeit zeigen, kreative Lösungen für die Probleme der Kunden zu finden.

Verwende Schlüsselwörter: Verwende Schlüsselwörter in deinem Portfolio, um potenziellen Kunden dabei zu helfen, deine Arbeiten leicht zu finden. Verwende relevante

Schlüsselwörter aus deiner Branche und deinen Fähigkeiten.

Achte auf das Design: Achte auf das Design deines Portfolios. Stelle sicher, dass das Design professionell, ansprechend und benutzerfreundlich ist. Verwende hochwertige Bilder und ein sauberes und übersichtliches Layout.

Nimm persönliche Projekte auf: Füge persönliche Projekte in dein Portfolio ein, um deine Kreativität und Leidenschaft für deine Arbeit zu zeigen. Dies zeigt auch deine Fähigkeit zur eigenständigen Arbeit und zur innovativen Problemlösung.

Sei authentisch: Sei authentisch und ehrlich in deinem Portfolio. Übertreibe nicht deine Fähigkeiten oder Ergebnisse. Sei immer transparent gegenüber potenziellen Kunden und zeige deine Fähigkeit, ethisch und professionell zu arbeiten.

Nimm erfolgreiche Projekte auf: Füge erfolgreiche Projekte in dein Portfolio ein. Diese Projekte sollten deine Fähigkeit zeigen, Probleme effektiv zu lösen und Kundenbedürfnisse zu erfüllen.

Zeige deine Ausbildung: Wenn du spezifische Ausbildung oder Zertifikate hast, nimm sie in dein Portfolio auf. Dies kann dazu beitragen, deine Kompetenz in deiner Branche zu zeigen und deine Glaubwürdigkeit als Profi zu erhöhen.

Zeige deine Entwicklung: Zeige deine Entwicklung als Profi in deinem Portfolio. Nimm deine ersten Arbeiten und deine neuesten Projekte auf, um deine Entwicklung und deine Fähigkeit zur kontinuierlichen Verbesserung zu zeigen.

Achte auf die Präsentation: Achte auf die Präsentation deines Portfolios. Stelle sicher, dass es einfach zu navigieren ist und die Projekte logisch organisiert sind. Verwende hochwertige Bilder und detaillierte Beschreibungen, um deine Arbeiten hervorzuheben.

Füge eine "Arbeitsprozess"-Sektion hinzu: Nimm eine "Arbeitsprozess"-Sektion in dein Portfolio auf, in der du deinen Ansatz zur Arbeit und den Prozess, den du zur Durchführung von Projekten verfolgst, erklärst. Dies zeigt deine Professionalität und deine Fähigkeit zur effektiven Projektleitung.

Zeige deine Persönlichkeit: Zeige deine Persönlichkeit in deinem Portfolio. Füge Elemente hinzu, die deine Kreativität, deinen Humor oder deine Leidenschaft für deine Arbeit zeigen. Dies kann potenziellen Kunden helfen, eine persönliche Verbindung zu dir herzustellen.

Sei präzise: Sei präzise in deinem Portfolio. Beschreibe genau, welche Fähigkeiten du hast und wie du die Probleme deiner Kunden gelöst hast.

Dies zeigt deine Fähigkeit zur gezielten Arbeit und zur Erfüllung von Kundenbedürfnissen.

Achte auf Details: Achte auf jedes Detail deines Portfolios. Stelle sicher, dass die Bilder gut zugeschnitten sind und die Beschreibungen klar und korrekt geschrieben sind. Achte auf grafische Details wie die Farbwahl und die Schriftart, um deine Arbeiten hervorzuheben.

Enthalte unterschiedliche Projekte: Füge verschiedene Projekte in dein Portfolio ein, um deine Vielseitigkeit zu demonstrieren. Zum Beispiel könntest du als Grafikdesigner Projekte zum Branding, Webdesign und Verpackungsdesign einschließen.

Achte auf die Typografie: Achte auf die Wahl der Schriftarten in deinem Portfolio. Verwende gut lesbare und professionelle Schriftarten, um sicherzustellen, dass die Projektbeschreibungen leicht lesbar sind.

Verwende klare Sprache: Verwende klare und einfache Sprache in deinem Portfolio. Vermeide technisches Jargon und erkläre deine Projekte auf eine Weise, die für jedermann verständlich ist.

Nimm ehrenamtliche Projekte auf: Wenn du ehrenamtlich gearbeitet oder an Pro-Bono-Projekten gearbeitet hast, nimm diese in dein Portfolio auf. Dies zeigt deine Leidenschaft für deine Arbeit und deine Fähigkeit, deine Fähigkeiten zu nutzen, um anderen zu helfen.

Nimm eine "Kontakt"-Sektion auf: Füge eine "Kontakt"-Sektion in dein Portfolio ein, in der potenzielle Kunden deine E-Mail-Adresse, Telefonnummer und Social-Media-Profile finden können. Dies erleichtert es potenziellen Kunden, dich zu kontaktieren, um über eine mögliche Zusammenarbeit zu sprechen.

Teile dein Portfolio in sozialen Medien: Teile dein Portfolio auf deinen Social-Media-Profilen wie LinkedIn, Twitter oder Instagram. Dies kann dazu beitragen, deine Arbeit bekannt zu machen und ein breiteres Publikum zu erreichen.

Füge laufende Projekte hinzu: Wenn du an einem laufenden Projekt arbeitest, nimm es in dein Portfolio auf. Dies zeigt deine Fähigkeit, komplexe Projekte zu managen, und deine Aufmerksamkeit für Details.

Sei konsistent: Halte dein Portfolio in der Präsentation konsistent. Verwende denselben grafischen Stil für all deine Projekte und stelle sicher, dass dein Portfolio ein zusammenhängendes und professionelles Erscheinungsbild hat.

Füge eine "Auszeichnungen"-Sektion hinzu: Wenn du für deine Arbeit Anerkennung oder Preise erhalten hast, füge diese in dein Portfolio ein. Dies zeigt deine Erfahrung und deine Fähigkeit, qualitativ hochwertige Arbeit zu leisten.

Sei offen für Kritik: Sei offen für Kritik und Feedback zu deinem Portfolio. Nutze das Feedback, um deine Arbeit zu verbessern und immer besser auf die Bedürfnisse deiner Kunden einzugehen.

Nimm Projekte auf, die deine Teamfähigkeit zeigen: Wenn du an Projekten gearbeitet hast, bei denen du mit anderen Fachleuten oder einem Team zusammengearbeitet hast, nimm diese in dein Portfolio auf. Dies zeigt deine Fähigkeit zur Zusammenarbeit und zur Bewältigung komplexer Projekte.

Nimm Projekte auf, die deine Branchenkenntnisse zeigen: Nimm Projekte auf, die deine Kenntnisse in deiner Branche zeigen. Zum Beispiel könntest du als Texter Projekte im Bereich Content-Marketing oder Newsletter-Erstellung aufnehmen.

Achte auf konsistenten Ton: Achte auf einen konsistenten Ton in deinem Portfolio. Verwende denselben Schreibstil für alle Projektbeschreibungen und stelle sicher, dass der Ton professionell und konsistent ist.

Nimm Projekte auf, die deine Problemlösungsfähigkeiten zeigen: Nimm Projekte auf, die deine Fähigkeit zur Problemlösung zeigen. Beschreibe das Problem, das der Kunde hatte, und wie du eine effektive Lösung gefunden hast.

Nimm Projekte auf, die deine Anpassungsfähigkeit zeigen: Nimm Projekte auf, die deine Fähigkeit zeigen, dich den Kundenanforderungen anzupassen.

Beschreibe, wie du deinen Ansatz geändert hast, um den Kundenbedürfnissen gerecht zu werden.

Verwende die richtige Menge an Informationen: Verwende die richtige Menge an Informationen in deinem Portfolio. Vermeide es, zu viele technische Details und zu lange Beschreibungen aufzunehmen. Sei prägnant und nehme nur die wichtigsten Informationen auf.

Nimm Projekte auf, die deine Zeitmanagementfähigkeiten zeigen: Nimm Projekte auf, die deine Fähigkeit zeigen, mit der Zeit umzugehen. Beschreibe, wie du das Projekt effektiv geplant und verwaltet hast.

Nimm Projekte auf, die deine Kommunikationsfähigkeiten zeigen: Nimm Projekte auf, die deine Fähigkeit zur effektiven Kommunikation zeigen. Beschreibe, wie du während des Projekts mit dem Kunden kommuniziert hast und wie du eventuelle Kommunikationsschwierigkeiten bewältigt hast.

Achte auf die Privatsphäre der Kunden: Achte in deinem Portfolio auf die Privatsphäre der Kunden. Gib keine vertraulichen Informationen über Kunden oder ihre Projekte preis, ohne ihre Zustimmung.

Bleibe stets auf dem Laufenden: Halte dich über die neuesten Trends und Technologien in deiner Branche auf dem Laufenden. Aktualisiere regelmäßig dein Portfolio und füge Projekte hinzu, die dein Wissen über die aktuellen Trends in deinem Bereich zeigen.

Füge Projekte hinzu, die deine Fähigkeit zur Innovation zeigen: Füge Projekte hinzu, die deine Fähigkeit zur Innovation demonstrieren. Erläutere, wie du neue Technologien oder kreative Ideen genutzt hast, um Kundenprobleme zu lösen.

Füge Projekte hinzu, die deine Fähigkeit zum Budgetmanagement zeigen: Füge Projekte hinzu, die deine Kompetenz im Umgang mit dem Budget der Kunden zeigen. Beschreibe, wie du das Budget effektiv geplant und verwaltet hast.

Füge Projekte hinzu, die deine Fähigkeit zur Einhaltung von Fristen zeigen: Füge Projekte hinzu, die deine Fähigkeit zur Einhaltung von Fristen demonstrieren. Erkläre, wie du Projekte geplant und gemanagt hast, um die vereinbarten Zeiten einzuhalten.

Verwende eine interaktive Präsentation: Nutze eine interaktive Präsentation für dein Portfolio. Du könntest zum Beispiel eine interaktive Webseite oder ein PDF-Dokument erstellen, das Videos,

Animationen oder andere interaktive Elemente enthält.

Füge Projekte hinzu, die deine Fähigkeit zur Ergebniserzielung zeigen: Ergänze Projekte, die deine Fähigkeit zur Erzielung von Ergebnissen für Kunden zeigen. Beschreibe, wie deine Arbeit dazu beigetragen hat, die Geschäftsziele der Kunden zu erreichen.

Achte auf die Qualität der Bilder: Achte darauf, dass die Bilder in deinem Portfolio von hoher Qualität sind und deine Arbeit effektiv repräsentieren.

Füge Projekte hinzu, die deine Fähigkeit zur Content-Erstellung zeigen: Wenn du ein Texter oder Content Creator bist, füge Projekte hinzu, die deine Fähigkeit zur Erstellung von Inhalten demonstrieren. Du könntest beispielsweise Blogartikel, Videos oder Podcast-Produktionen einschließen.

Füge Projekte hinzu, die deine Fähigkeit zur Markenentwicklung zeigen: Wenn du ein Grafiker oder Designer bist, füge Projekte hinzu, die deine Fähigkeit zur Markenentwicklung demonstrieren. Erkläre, wie du eine effektive Marke entwickelt hast, die den Kunden genau repräsentiert.

Füge Projekte hinzu, die deine Fähigkeit zur Ergebnisverbesserung zeigen: Ergänze Projekte, die zeigen, wie du zur Verbesserung der Ergebnisse für Kunden beigetragen hast. Erkläre, wie du Verbesserungen an vorheriger Arbeit des Kunden vorgenommen hast und wie dies zu besseren Ergebnissen geführt hat.

Sei originell: Zeige Originalität in deinem Portfolio. Verwende ein einzigartiges und kreatives Design, um deine Arbeit hervorzuheben und die Aufmerksamkeit potenzieller Kunden zu erregen.

Teilnahme an Online-Umfragen: Einige Unternehmen bieten die Möglichkeit, an Online-Umfragen teilzunehmen und Geld oder Punkte zu verdienen, die in Geld umgewandelt werden können. Diese Umfragen dienen Unternehmen dazu, Informationen über ihre Produkte, Dienstleistungen, Reputation und Konkurrenten zu sammeln. Die Teilnehmer werden aufgrund ihrer demografischen Daten und Präferenzen ausgewählt, daher ist es wichtig, genaue Informationen bei der Registrierung anzugeben. Die Teilnahme an Online-Umfragen erfordert keine besonderen Fähigkeiten und kann eine einfache und schnelle Möglichkeit sein, Geld zu verdienen.

Verkaufen von Produkten online: Du kannst Produkte online auf Plattformen wie Amazon, eBay oder Etsy verkaufen. Du kannst handgemachte Produkte, Vintage-Produkte oder neue Produkte verkaufen, die du gekauft und weiterverkaufen möchtest. Es ist wichtig, die richtigen Produkte auszuwählen und wettbewerbsfähige Preise festzulegen, um Kunden anzuziehen. Außerdem musst du den Versand und die Rücksendungen der Produkte verwalten, daher ist es wichtig, organisiert und zuverlässig zu sein.

Investieren in Kryptowährungen: Kryptowährungen sind digitale Währungen, die Kryptografie verwenden, um Transaktionen sicher und privat zu gestalten. Du kannst in Kryptowährungen wie Bitcoin, Ethereum oder Litecoin investieren, indem du sie auf einer Kryptowährungsbörse kaufst. Es ist wichtig zu bedenken, dass Investitionen immer mit einem gewissen Risiko verbunden sind. Daher ist es wichtig, gründliche Recherchen anzustellen, bevor du investierst, und bei Bedarf einen Finanzexperten zu konsultieren. Außerdem unterliegen Kryptowährungen starken Preisschwankungen, daher ist es wichtig, das Risiko zu managen und nicht mehr zu investieren, als du dir leisten kannst zu verlieren.

Um Produkte online zu verkaufen, kannst du Plattformen wie Amazon, eBay oder Etsy nutzen, die es dir ermöglichen, eine breite Palette potenzieller Käufer zu erreichen. Außerdem kannst du deine eigene E-Commerce-Website erstellen, um deine Produkte unabhängig zu verkaufen.

Der erste Schritt besteht darin, den Produkttyp auszuwählen, den du verkaufen möchtest. Du kannst handgemachte Produkte, Vintage-Produkte oder neue Produkte verkaufen, die du gekauft und weiterverkaufen möchtest. Es ist wichtig, Produkte auszuwählen, die für deine Zielgruppe von Interesse sind und eine spezifische Marktnachfrage bedienen. Du solltest auch Marktrecherchen durchführen, um festzustellen, welche Produkte bereits auf dem Markt vorhanden sind und wie du dich differenzieren kannst.

Nach der Auswahl der Produkte ist es wichtig, wettbewerbsfähige Preise festzulegen, um Kunden anzuziehen. Du musst auch den Versand und die

Rücksendungen der Produkte verwalten, daher ist es wichtig, organisiert und zuverlässig zu sein. Du kannst einen Versanddienst wie USPS, FedEx oder UPS nutzen, um den Versand und die Lieferung deiner Produkte zu managen.

Um deine Produkte online zu bewerben, kannst du Online-Werbung, Social Media und digitales Marketing verwenden. Zum Beispiel kannst du Facebook- oder Google-Werbung nutzen, um neue Kunden zu erreichen, oder du kannst E-Mail-Marketing verwenden, um bestehende Kunden über deine Produkte und Sonderangebote auf dem Laufenden zu halten.

Generell kann der Verkauf von Produkten online eine effektive Möglichkeit sein, Geld zu verdienen, erfordert jedoch Zeit und Engagement, um Versand, Rücksendungen und das Marketing deiner Produkte zu verwalten. Wenn du jedoch organisiert bist und ein qualitativ hochwertiges Produkt hast, kannst du erfolgreich ein E-Commerce-Geschäft aufbauen.

Nachdem du den Produkttyp ausgewählt hast, den du verkaufen möchtest, ist es wichtig, eine detaillierte und ansprechende Produktbeschreibung zu erstellen. Die Beschreibung sollte die Merkmale und Vorteile des Produkts, Abmessungen, verwendete Materialien und Anwendungshinweise enthalten. Darüber hinaus sollten hochwertige Bilder des Produkts aus verschiedenen Blickwinkeln hinzugefügt werden, damit Kunden das Produkt detailliert betrachten können.

Zudem ist es wichtig, wettbewerbsfähige Preise für deine Produkte festzulegen. Du solltest Marktforschung betreiben, um die Preise ähnlicher Produkte auf dem Markt zu kennen und einen fairen und wettbewerbsfähigen Preis zu bestimmen. Außerdem sollten die Produktionskosten, Lagerverwaltungskosten, Versandkosten und Marketingkosten berücksichtigt werden, um den endgültigen Verkaufspreis festzulegen.

Für den Versand kannst du einen Versanddienst wie USPS, FedEx oder UPS nutzen. Du kannst auch einen Lagerverwaltungsdienst wie "Fulfillment by Amazon" (FBA) von Amazon verwenden, der es dir ermöglicht, deine Produkte in den Amazon-Lagern zu lagern und den Versand und die Rücksendungen automatisiert zu verwalten.

Um deine Produkte online zu bewerben, kannst du digitales Marketing nutzen. Du kannst zum Beispiel Facebook- oder Google-Werbung verwenden, um neue Kunden zu erreichen, oder E-Mail-Marketing verwenden, um bestehende Kunden über deine Produkte und Angebote auf dem Laufenden zu halten. Außerdem kannst du Social Media nutzen, um deine Produkte zu bewerben und mit deinen Kunden zu interagieren.

Schließlich ist es wichtig, einen hochwertigen Kundenservice anzubieten. Du solltest schnell auf Kundenfragen antworten und Rücksendungen professionell handhaben. Auf diese Weise werden Kunden eher geneigt sein, bei dir erneut einzukaufen und deine Produkte Freunden und Familie zu empfehlen.

Nachdem du dich für den Produkttyp entschieden hast, den du verkaufen möchtest, ist es wichtig, die richtige E-Commerce-Plattform für dein Unternehmen auszuwählen. Du kannst Plattformen wie Shopify, WooCommerce oder Magento verwenden, um deinen Online-Shop zu erstellen. Diese Plattformen ermöglichen es dir, deinen Online-Shop anzupassen, den Versand und die Rücksendungen deiner Produkte zu verwalten, dein Inventar zu kontrollieren und digitale Marketinginstrumente zu nutzen, um deine Produkte zu bewerben.

Um deine Produkte online zu bewerben, kannst du digitales Marketing einsetzen. Du kannst beispielsweise Facebook- oder Google-Werbung verwenden, um neue Kunden zu erreichen, oder E-Mail-Marketing nutzen, um bestehende Kunden über deine Produkte und Aktionen auf dem Laufenden zu halten. Darüber hinaus kannst du Social-Media-Plattformen nutzen, um deine Produkte zu bewerben und mit deinen Kunden zu interagieren.

Es ist auch wichtig, Kundenbewertungen professionell zu verwalten. Du solltest Kunden dazu ermutigen, Bewertungen für deine Produkte zu hinterlassen, sowohl positive als auch negative. Auf diese Weise kannst du Bewertungen nutzen, um deine Produkte und deinen Kundenservice zu verbessern. Positive Bewertungen können zudem als Marketinginstrument genutzt werden, um neue Kunden anzulocken.

Der Kundenservice ist ebenfalls ein wichtiger Aspekt des Online-Produktverkaufs. Du solltest zeitnah auf Kundenanfragen antworten und Rücksendungen professionell abwickeln. Auf diese Weise werden Kunden eher geneigt sein, bei dir erneut einzukaufen und deine Produkte Freunden und Familie zu empfehlen.

Abschließend solltest du deine Verkaufskennzahlen und Website-Traffic-Analysen kontinuierlich überwachen, um zu verstehen, wie du dein E-Commerce-Geschäft verbessern kannst. Du kannst Tools wie Google Analytics nutzen, um den Website-Traffic, Conversion-Raten und Verkaufskennzahlen zu verfolgen.

Um den Versand deiner Produkte zu organisieren, kannst du einen Versanddienst wie USPS, FedEx oder UPS nutzen. Zusätzlich kannst du einen Warenhausverwaltungsdienst wie "Fulfillment by Amazon" (FBA) von Amazon verwenden, der es ermöglicht, deine Produkte in den Lagern von

Amazon zu lagern und Versand und Rücksendungen automatisiert zu verwalten. Auf diese Weise musst du dich nicht um den Versand kümmern und kannst dich auf die Vermarktung deiner Produkte konzentrieren.

Um deine Produkte online zu bewerben, kannst du digitales Marketing einsetzen. Du kannst beispielsweise Facebook- oder Google-Werbung verwenden, um neue Kunden zu erreichen, oder E-Mail-Marketing nutzen, um bestehende Kunden über deine Produkte und Aktionen auf dem Laufenden zu halten. Zudem solltest du ein hochwertiges Einkaufserlebnis für deine Kunden bieten. Deine Website sollte benutzerfreundlich sein und die Produkte klar und ansprechend präsentieren. Dazu gehört auch die Bereitstellung detaillierter Informationen zu den Produkten, wie Größen, verwendete Materialien und Gebrauchsanweisungen.

Um den Kundenservice zu verwalten, solltest du für Fragen der Kunden zur Verfügung stehen und Rücksendungen professionell bearbeiten. Auf diese Weise werden Kunden eher geneigt sein, bei dir erneut einzukaufen und deine Produkte Freunden und Familie zu empfehlen.

Mailchimp ist eine E-Mail-Marketing-Plattform, die es dir ermöglicht, E-Mails an ein breites Publikum zu senden. Sie bietet eine Reihe von Funktionen, darunter das Erstellen von Newslettern, die Personalisierung von E-Mails, Marketingautomatisierung und das Verwalten von Kontaktlisten. Neben den E-Mail-Marketing-Funktionen ermöglicht es Mailchimp auch, Landing Pages zu erstellen, um deine Produkte oder Dienstleistungen zu bewerben.

Mit Mailchimp kannst du personalisierte E-Mails erstellen, indem du vorgefertigte Vorlagen und intuitive Design-Tools verwendest. Du kannst auch die Marketingautomatisierung nutzen, um E-Mails basierend auf den Aktionen deiner Kontakte zu senden, z. B. das Öffnen einer E-Mail oder das Verlassen des Warenkorbs. Außerdem kannst du Kontaktlisten verwalten und dein Publikum segmentieren, um gezielte E-Mails zu senden.

Mailchimp bietet auch detaillierte Analysen zur Leistung deiner E-Mails, wie Öffnungsrate, Klickrate und Konversionsrate. Dadurch kannst du die Effektivität deiner E-Mail-Marketing-Kampagnen besser verstehen und gegebenenfalls notwendige Anpassungen vornehmen.

Mailchimp bietet unterschiedliche Preispläne je nach deinen Bedürfnissen an. Es gibt auch eine kostenlose Version, mit der du bis zu 10.000 E-Mails pro Monat an maximal 2.000 Kontakte senden kannst. Wenn du jedoch erweiterte Funktionen wie Marketingautomatisierung wünschst, musst du auf einen kostenpflichtigen Plan umsteigen.

Generell ist Mailchimp eine hervorragende Wahl für kleine und mittlere Unternehmen, die die Kraft des E-Mail-Marketings nutzen möchten, um ihre Produkte oder Dienstleistungen zu bewerben. Es bietet eine breite Palette von Funktionen und flexible Preispläne, die unterschiedlichen Anforderungen und Budgets gerecht werden.

Du kannst Mailchimp auch verwenden, um E-Mails in verschiedenen Sprachen zu versenden. Mailchimp ermöglicht es dir, personalisierte E-Mails in verschiedenen Sprachen zu erstellen, indem du vorgefertigte Vorlagen verwendest oder E-Mails von Grund auf selbst gestaltest. Zudem kannst du die Segmentierungsfunktionen nutzen, um gezielte E-Mails in der bevorzugten Sprache deiner Kontakte zu versenden.

Um E-Mails in verschiedenen Sprachen zu erstellen, kannst du den Mehrsprachen-Textblock von Mailchimp verwenden. Dieses Tool ermöglicht es dir, einen einzigen Textblock zu erstellen, der in verschiedene Sprachen übersetzt werden kann. Wenn du deine E-Mail versendest, sendet Mailchimp den Text in der bevorzugten Sprache deines Kontakts gemäß den Einstellungen seines Browsers oder seines Mailchimp-Kontos.

Darüber hinaus erlaubt es Mailchimp dir, die Sprache deiner Wahl zu verwenden, wenn du deine eigenen benutzerdefinierten E-Mail-Vorlagen erstellst. Du kannst auch den integrierten Übersetzer von Mailchimp verwenden, um den Text deiner E-Mail in verschiedene Sprachen zu übersetzen.

Generell ist Mailchimp ein flexibles Tool, das es dir ermöglicht, personalisierte E-Mails in verschiedenen Sprachen zu erstellen, um ein internationales Publikum zu erreichen und die Effektivität deiner E-Mail-Marketing-Kampagnen zu steigern.

Mailchimp bietet keine nativen Funktionen zur Übersetzung von Bildern und Videos. Allerdings gibt es einige Möglichkeiten, wie du Bilder und Videos für deine E-Mail-Marketing-Kampagnen in Mailchimp übersetzen kannst.

Für Bilder kannst du Online-Übersetzungstools verwenden, um den Text im Bild in die gewünschte Sprache zu übersetzen. Du könntest beispielsweise Google Translate oder andere Online-Übersetzungstools verwenden, um den Text in einem Bild zu übersetzen. Du müsstest dann den ursprünglichen Text im Bild durch den übersetzten Text ersetzen.

Für Videos könntest du Untertitel verwenden, um die Übersetzung des gesprochenen Textes hinzuzufügen. Du könntest Online-Übersetzungstools nutzen, um den gesprochenen Text in eine andere Sprache zu übersetzen und dann die gewünschten Untertitel in der entsprechenden Sprache zu deinem Video hinzufügen.

Generell erfordert die Übersetzung von Bildern und Videos etwas manuelle Arbeit, kann aber eine effektive Möglichkeit sein, ein internationales Publikum zu erreichen und die Effektivität deiner E-Mail-Marketing-Kampagnen in Mailchimp zu verbessern.

Es gibt verschiedene Online-Übersetzungstools zur Verfügung. Hier sind einige Online-Übersetzungstools, die nützlich sein könnten:

Google Translate: Google Translate ist einer der weltweit beliebtesten Online-Übersetzungsdienste. Er bietet die Übersetzung von Text, Dokumenten, Webseiten und sogar Echtzeit-Sprachübersetzung.

DeepL: DeepL ist ein weiteres Online-Übersetzungstool, das einen fortschrittlichen künstlichen Intelligenz-Algorithmus nutzt, um qualitativ hochwertige Übersetzungen anzubieten. Es bietet auch eine kontextbezogene Übersetzungsfunktion, die den Satzzusammenhang berücksichtigt, um präzisere Übersetzungen anzubieten.

Systran: Systran ist ein weiteres Online-Übersetzungstool, das Übersetzungen von Texten, Dokumenten und Webseiten in über 140 Sprachen anbietet. Es bietet auch spezialisierte Übersetzungsfunktionen für bestimmte Branchen wie Recht, Medizin und Technologie.

SDL FreeTranslation: SDL FreeTranslation ist ein kostenloses Online-Übersetzungstool, das Übersetzungen von Texten und Webseiten in verschiedene Sprachen anbietet. Es bietet auch erweiterte Funktionen wie die Übersetzung von Dokumenten und die Übersetzung von Texten mit Sonderzeichen.

Im Allgemeinen wird nicht empfohlen, Online-Übersetzungstools für die Übersetzung offizieller Dokumente zu verwenden. Automatische Übersetzungstools können nützlich sein, um generische Texte zu übersetzen, können jedoch nicht die erforderliche Genauigkeit und Präzision für offizielle Dokumente gewährleisten.

Für die Übersetzung offizieller Dokumente empfiehlt es sich, sich an einen professionellen Übersetzer oder eine Übersetzungsagentur zu wenden. Professionelle Übersetzer können die Genauigkeit und Präzision der Übersetzungen gewährleisten und verwenden die erforderlichen Techniken und Fähigkeiten, um offizielle Dokumente zu übersetzen.

Zudem kann es für einige offizielle Dokumente erforderlich sein, vor einem Notar oder einer öffentlichen Behörde zu schwören, dass die Übersetzung korrekt ist. In solchen Fällen ist es wichtig, dass die Übersetzung von einem zertifizierten Übersetzer durchgeführt wird, der eine offizielle Übersetzung bereitstellen kann.

Generell ist es bei offiziellen Dokumenten wichtig, sich an einen Profi zu wenden, um die Genauigkeit und Präzision der Übersetzung zu gewährleisten. Online-Übersetzungstools können nützlich sein, um generische Texte zu übersetzen, sind jedoch nicht für die Übersetzung offizieller Dokumente geeignet.

Es gibt verschiedene vertrauenswürdige Quellen für Informationen über Kryptowährungen. Hier sind einige der Quellen, die nützlich sein könnten:

CoinDesk: CoinDesk ist eine der führenden Quellen für Nachrichten und Informationen über Kryptowährungen. Es bietet Nachrichten, Analysen, Marktstudien und praktische Anleitungen zu Kryptowährungen.

Cointelegraph: Cointelegraph ist eine weitere Quelle für Nachrichten und Informationen über Kryptowährungen. Es bietet Nachrichten, Analysen, Anleitungen und Marktstudien zu Kryptowährungen.

CryptoSlate: CryptoSlate ist eine Plattform für Forschung und Informationen über Kryptowährungen. Es bietet Nachrichten, Analysen, Marktstudien und Tools für die technische Analyse von Kryptowährungen.

CryptoCompare: CryptoCompare ist eine Plattform für die Analyse und den Vergleich von Kryptowährungen. Es bietet Nachrichten, Marktstudien, technische Analysen und Tools für den Vergleich von Kryptowährungen.

CoinMarketCap: CoinMarketCap ist eine Informationsplattform für Kryptowährungen, die Echtzeitdaten zu Preisen, Marktkapitalisierungen und anderen Kennzahlen von Kryptowährungen bietet.

Hier sind noch einige weitere Quellen für Informationen über Kryptowährungen, die nützlich sein könnten:

Bitcoin Magazine: Bitcoin Magazine ist eine der ersten Publikationen über Kryptowährungen. Es bietet Nachrichten, Analysen, Marktstudien und Meinungen zu Kryptowährungen.

The Block: The Block ist eine weitere Quelle für Nachrichten und Informationen über Kryptowährungen. Es bietet Nachrichten, Analysen, Marktstudien und praktische Anleitungen zu Kryptowährungen.

Decrypt: Decrypt ist eine Nachrichten- und Informationswebsite über Kryptowährungen. Es bietet Nachrichten, Analysen, Marktstudien und praktische Anleitungen zu Kryptowährungen.

Messari: Messari ist eine Kryptowährungs-Forschungs- und Analyseplattform. Sie bietet Nachrichten, Marktforschung, technische Analysen und Tools zur Kryptowährungsanalyse.

Coin Telegraph Markets Pro: Coin Telegraph Markets Pro ist eine Plattform für Kryptowährungsanalyse und Marktforschung. Sie bietet Echtzeitdaten, technische Analysen und Tools zur Kryptowährungsanalyse.

The Block: The Block ist eine Plattform für Nachrichten und Informationen über Kryptowährungen und Blockchain. Sie bietet Nachrichten, Analysen, Marktforschung und umfassende Berichte über Kryptowährungen.

Decrypt: Decrypt ist eine Plattform für Nachrichten und Informationen über Kryptowährungen, die sich auf Privatsphäre und Sicherheit konzentriert. Sie bietet Nachrichten, Analysen, Marktforschung und praktische Anleitungen zu Kryptowährungen.

Messari: Messari ist eine Plattform für Kryptowährungsforschung und -informationen. Sie bietet Nachrichten, Analysen, Marktforschung, umfassende Berichte und Tools zur Kryptowährungsanalyse.

Bitcoin Magazine: Bitcoin Magazine ist eine der ersten Publikationen über Kryptowährungen, gegründet im Jahr 2012. Es bietet Nachrichten, Analysen, Marktforschung und praktische Anleitungen zu Kryptowährungen.

Kraken Intelligence: Kraken Intelligence ist eine Plattform für Kryptowährungsforschung und -informationen, die vom

Kryptowährungsbörsenbetreiber Kraken betrieben wird. Sie bietet Nachrichten, Analysen, Marktforschung und umfassende Berichte über Kryptowährungen.

Was sind Kryptowährungen? Kryptowährungen sind digitale Währungen, die Kryptografie verwenden, um Transaktionen zu schützen, zu verifizieren und die Erschaffung neuer Einheiten zu steuern. Kryptowährungen sind dezentralisiert und werden nicht von einer zentralen Behörde wie einer Zentralbank kontrolliert.

Wie funktionieren Kryptowährungen? Kryptowährungen nutzen eine Technologie namens Blockchain, um Transaktionen zu erfassen und zu verifizieren. Die Blockchain ist ein öffentliches, unveränderliches Register, das alle Transaktionen einer Kryptowährung sicher und transparent erfasst.

Welche sind die beliebtesten Kryptowährungen? Die beliebtesten Kryptowährungen sind unter anderem Bitcoin, Ethereum, Binance Coin, Cardano, Dogecoin, Ripple und viele andere. Der Kryptowährungsmarkt entwickelt sich jedoch ständig weiter, und es ist möglich, dass sich die beliebtesten Kryptowährungen im Laufe der Zeit ändern.

Wie kauft man Kryptowährungen? Kryptowährungen können über eine Kryptowährungsbörse oder über einen Kryptowährungsbroker gekauft werden. Kryptowährungsbörsen ermöglichen den Kauf von Kryptowährungen mit Fiat-Währung oder anderen Kryptowährungen.

Welche Risiken und Chancen birgt die Investition in Kryptowährungen? Investitionen in Kryptowährungen können aufgrund der Marktvolatilität und fehlender Regulierung riskant sein. Kryptowährungen können jedoch auch langfristig interessante Investitionsmöglichkeiten bieten.

Was sind aktuelle Trends auf dem Kryptowährungsmarkt? Derzeit wächst der Kryptowährungsmarkt, und viele Kryptowährungen erreichen neue Allzeithochs. Der Kryptowährungsmarkt ist jedoch volatil und unterliegt schnellen Schwankungen.

Was sind die Unterschiede zwischen Kryptowährungen und traditionellen Währungen? Kryptowährungen sind dezentralisiert und werden nicht von einer zentralen Behörde wie traditionelle Währungen kontrolliert. Zudem verwenden Kryptowährungen Kryptografie, um Transaktionen zu schützen und zu verifizieren, während traditionelle Währungen auf traditionelle Bank- und Finanzsysteme setzen.

Was sind die steuerlichen Implikationen von Investitionen in Kryptowährungen? Die steuerlichen Auswirkungen von Investitionen in Kryptowährungen können je nach Steuergesetzgebung des Wohnsitzlandes variieren. Im Allgemeinen unterliegen Investitionen in Kryptowährungen Kapitalgewinn- und Verluststeuern, jedoch können die Regeln von Land zu Land unterschiedlich sein.

Hier sind einige Ressourcen, die du verwenden kannst, um dein Wissen über Kryptowährungen zu vertiefen:

Coursera: Coursera bietet eine breite Palette von Online-Kursen über Kryptowährungen und Blockchain an. Du kannst kostenlose oder kostenpflichtige Kurse von verschiedenen Universitäten und Institutionen wie der Princeton University und der University of California, Berkeley, belegen.

Udemy: Udemy bietet Online-Kurse zu vielen Themen, darunter auch Blockchain und Kryptowährungen. Du kannst zwischen kostenlosen und kostenpflichtigen Kursen wählen.

YouTube: Es gibt viele YouTube-Kanäle, die Bildungsvideos über Kryptowährungen und Blockchain anbieten. Einige der beliebtesten Kanäle sind Andreas Antonopoulos, Coin Bureau und Ivan on Tech.

Reddit: Reddit ist eine Online-Diskussionsgemeinschaft mit verschiedenen Abschnitten, die den Kryptowährungen gewidmet sind, wie r/CryptoCurrency und r/Bitcoin. Du kannst Reddit nutzen, um Informationen und Meinungen mit anderen an Kryptowährungen interessierten Personen auszutauschen.

Bücher: Es gibt viele Bücher über Kryptowährungen und Blockchain. Einige der bekanntesten Bücher sind "Mastering Bitcoin" von Andreas Antonopoulos, "The Internet of Money" von Andreas Antonopoulos und "The Basics of Bitcoins and Blockchains" von Antony Lewis.

Abschließend hoffe ich, dass dieses Einführungsbuch über Chat GPT dir einen guten Überblick über diese fortschrittliche Technologie und ihre vielfältigen Anwendungen gegeben hat. Danke, dass du dir die Zeit genommen hast, dieses Buch zu lesen, und dass du Interesse am Erlernen neuer Technologien gezeigt hast. Denke daran, dass Chat GPT wie jede andere Technologie sowohl positiv als auch negativ genutzt werden kann, abhängig von der Art der Nutzung. Ich ermutige dich, Chat GPT verantwortungsbewusst einzusetzen und zu seiner ethischen und konstruktiven Weiterentwicklung beizutragen. Nochmals vielen Dank für das Lesen dieses Einführungsbuchs über Chat GPT!